¿UN BUEN VECINO?

Guía Práctica de un Abogado Especializado en
Accidentes Automovilísticos para que Tú Mismo
le Ganes a las Grandes Compañías de Seguros

BRIAN LaBOVICK

y

ESTHER URÍA LaBOVICK

ISBN: 978-1-66780-264-0 (printed)

ISBN: 978-1-66780-265-7 (eBook)

CONTENTS

Introducción   vii

Capítulo Uno   Actúa rápido tras una colisión   1

Capítulo Dos   En qué consiste un seguro de automotor   18

Capítulo Tres   Diferentes tipos de accidentes y de lesiones   43

Capítulo Cuatro   En qué consiste el tratamiento médico   62

Capítulo Cinco   Cómo negociar tu caso   89

Capítulo Seis   Encontrar un buen representante   113

Capítulo Siete   Casos en los que es indiscutible la necesidad de un abogado 134

Apéndice A   165

Apéndice B   171

Apéndice C   173

Apéndice D   175

Apéndice E   179

Apéndice F   184

Apéndice G   189

Apéndice H   195

Acerca de los autores   200

Exención de responsabilidad   202

Cada día, en algún momento, tengo la oportunidad de echar sal por encima de mi hombro.

No es superstición.

Es para recordarme que debo agradecer todas mis bendiciones.

Esas bendiciones comienzan con Esther y continúan con nuestros tres hijos.

Ellos son mi inspiración.

-Brian F. LaBovick

Mis padres emigraron a Florida sin hablar inglés ni conocer la cultura.

Fui bendecida con una educación americana que me permite navegar fácilmente por los sistemas de los Estados Unidos.

Quiero transmitir esto a mi comunidad hispana con la esperanza de hacer su vida un poco más fácil.

También estoy agradecida de que mi esposo gringo Brian y mis 3 hijos dominen y abracen plenamente ambas culturas.

-Esther Uría LaBovick

INTRODUCCIÓN

Acabas de tener un accidente automovilístico. Vas conduciendo inocentemente por una intersección muy transitada y de pronto —¡BANG!— un payaso se salta una luz roja y embiste la parte de atrás de tu vehículo.

¿Necesitas un abogado?

Es posible.

Pero, también es posible que no.

Tal vez estés leyendo esto y pienses: ¿Qué? ¿Un abogado diciéndome que no necesito un abogado? Sería casi como si un médico te recomendara "relájate y deja que la enfermedad se cure sola" o que un político te dijera que no votes en una elección.

Sin duda un escéptico dirá que al preguntarle a un abogado si es indispensable contar con su asesoramiento, la respuesta indefectiblemente es: sí. Es probable esta afirmación sea genuina. La mayoría de los abogados te dirán que necesitas contratar sus servicios si deseas proteger tus derechos y garantizar una indemnización justa tras un accidente automovilístico. Esto se debe a que los abogados, como cualquier otro profesional experimentado, pueden ver rápidamente cómo solucionar un problema de esta índole. Si acudes a un cirujano para solucionar un problema de salud, por ejemplo, lo más seguro es que ofrezca someterte a una cirugía. Eso es lo que el cirujano sabe hacer. Cuando fui con mi hija al odontólogo, no sólo me mostraron la malocclusión dentaria de mi hija, ¡sino que también me hicieron notar que hasta yo mismo necesitaba ortodoncia!

El hecho es que, en el ámbito legal, en especial en el rubro de accidentes automovilísticos, la mayoría de los siniestros no requieren de la intervención de un abogado. Esto no significa que puedes simplemente relajarte y no hacer nada mientras te llegan los cheques de la compañía de seguros para compensarte por tu sufrimiento, gastos y molestias. Si has estado en un choque que no ocasionaste, existen determinados pasos a seguir: es necesario investigar con diligencia y negociar con cuidado para asegurarte de que las compañías de seguros te traten de manera justa y honesta; debes saber cómo y cuándo buscar tratamiento médico, comprender cómo se estructuran las pólizas de cobertura y cómo operan los ajustadores de seguros; además, debes conocer las leyes aplicables de tu estado en materia de seguros y, sin duda, es necesario que comprendas claramente tu propia póliza de seguro y cómo utilizarla, si fuera necesario. Pero por sobre todo, debes poder reconocer cuándo el valor de un reclamo es tan alto que el descuento que se te aplicaría al final del caso, si lo manejas por tu cuenta, terminaría haciendo que ni valga la pena ocuparte tu mismo y sea necesario consultar a un abogado experto en accidentes, a los fines de determinar la posibilidad de obtener mejores resultados. Estos casos no son tan comunes como podría imaginarse. La mayoría de las veces, tú mismo puedes resolverlo.

Es mucho lo que debes saber y recordar, pero puedes hacerlo —en particular si, en este momento, tienes este libro entre tus manos. En los siguientes capítulos encontrarás todo lo que necesitas saber para llevar adelante el proceso con éxito. Si el accidente no se produjo por tu culpa, igualmente puedes negociar un arreglo con la compañía de seguros del otro conductor y obtener el mismo monto que hubiera conseguido un abogado —pero sin tener que pagar ni el porcentaje ni los costos implicados.

¿Necesitas un abogado?

Si tenemos en cuenta los miles de abogados que nos bombardean por la TV, en los carteles publicitarios, en la radio y en los anuncios por internet pareciera como si todo el mundo necesitara un abogado para llevar adelante todos los casos de accidentes automovilísticos, ¿verdad? ¿Cómo es posible que la mayoría de nosotros no necesite abogados?

Más aún, ¿cómo es posible que uno de esos abogados que aparece en las publicidades de accidentes de automóvil —yo, por ejemplo— esté diciéndote que no necesitas un abogado?

He aquí el motivo: quiero los casos en los que mi cliente haya sufrido daños importantes, trágicos o catastróficos; casos en los que la gente requiera de cirugías o haya sufrido una fractura de hueso o daño cerebral. Esos son los tipos de casos en los que sólo un abogado logrará obtener la compensación que corresponde. Lo que está en juego es demasiado grande, y las compañías de seguros son demasiado hábiles y experimentadas como para que tú te enfrentes a ellas solo. Necesitas de una mano experta que pueda guiarte, alguien que comprenda todos los trucos que utilizan las compañías de seguros y que cuente con un par de trucos propios también. Compartiré algunos de esos casos aquí, pero mi consejo se centra en entender a las compañías de seguro y proteger tus derechos, y no en que te ocupes de un caso complicado sin ayuda.

De todos esos otros accidentes típicos de golpe en el guardabarros, en donde prácticamente nadie sufre lesiones, te conviene ocuparte tú mismo. Todo lo que necesitas es un poco de perseverancia —y los consejos incluidos en este libro.

Enfrenta el caso tú mismo

Hace poco recibí una llamada de un hombre en Tampa llamado Surget, quien había resultado herido cuando el conductor de una camioneta comercial cruzó en luz roja y se estrelló contra su todoterreno Ford Edge, en el medio de una intersección. El accidente destrozó el automóvil de Surget, quien, además, terminó en el hospital con lesiones graves.

Surget tenía el seguro obligatorio de Protección contra Lesiones Personales (PIP, *por sus siglas en inglés*), el cual ayudó a pagar sus gastos de hospital, las sesiones con el quiropráctico y los estudios de diagnóstico con resonancia magnética. El reclamo lo hizo él mismo comunicándose al número gratuito indicado en su tarjeta de seguro. El operador con quien habló, recopiló su información y le dio un número de reclamo PIP, que usó para el pago de todas sus cuentas. En su caso, el proceso avanzó rápido y fácilmente.

Sin embargo, Surget sentía que necesitaba algo de ayuda para lidiar con la compañía de seguros del otro conductor. Tenía que pasar del punto A —obtener tratamiento médico para sus lesiones— al punto B —obtener una compensación justa de la compañía de seguros del otro conductor. Existía demasiada información, toma de posturas y pruebas que debían ser elaboradas antes de que pudiera pasar del punto A al B, y no estaba seguro de cuáles eran los pasos correctos a seguir. ¿Cómo iba a hacer para obtener una oferta justa? ¿Qué debía ocurrir para que esa compañía de seguros dijera: "Queremos ofrecerle X cantidad de dólares para cubrir sus necesidades"? Surget hizo un gran trabajo proporcionándoles a las compañías de seguros la información que necesitaban para evaluar su caso; incluso comenzó con el proceso de negociación, pero se interrumpió porque el ajustador del seguro estaba intentando convencer a Surget de llegar a un acuerdo por un monto muy bajo.

Surget tuvo suerte de llamar a mi oficina para pedir ayuda. Escuché todo lo que había hecho hasta ese momento y quedé realmente impresionado de cómo había manejado el caso de manera tan inteligente y adecuada, hasta ese momento. Entonces, en lugar de aceptarlo como cliente, le propuse ser su mentor durante el proceso completo. Le expliqué que debía enviar a la compañía de seguros del otro conductor una carta de reclamo más amplia, la cual constituye una oferta formal para resolver el caso. Lo entrené sobre todo lo que debería decir y preguntar, y de qué manera hacerlo para que el ajustador le encontrara sentido. Surget escribió la carta y la mandó.

El otro conductor tenía un límite de póliza de $100.000. Solicitamos se realizara una oferta formal de acuerdo con su límite. La compañía volvió con una propuesta mejorada por $12.000, lo que representaba un incremento de $9.000 respecto del monto que había ofrecido anteriormente.

Surget respondió con otra demanda, y así fueron y vinieron en las negociaciones hasta que Surget logró que la oferta subiera a $40.000. En ese punto, se comunicó de nuevo conmigo.

"Quiero que tomes mi caso", dijo. "¡Creo que podemos lograr que nos ofrezcan el límite total de $100.000!"

Surget era listo y había negociado bien, pero sabía que los montos ofrecidos para llegar a un acuerdo en un caso, por lo general, aumentan en el momento en que se contrata a un abogado.

Estuve de acuerdo en que un abogado le podría conseguir que la compañía de seguros hiciera una oferta mayor. No obstante, iba a ser muy difícil seguir adelante con el caso para conseguir ese monto de $100.000, con o sin abogado mediante. No había necesidad de ningún tipo de intervención quirúrgica; los otros elementos con los que contaba para elevar el valor de la oferta eran, en cierta medida, débiles; además, el daño ocasionado a la propiedad no era nada impactante. El caso no era un mal caso, pero sí era un caso en el que no se iba a poder simplemente exigir el límite de la póliza sin pasar por un juicio. Si llevábamos el caso a juicio, podrían llegar a ofrecernos pagar el monto deseado de $100.000 cerca de la fecha de inicio del procedimiento, pero al mismo tiempo, para ese entonces ya habríamos incurrido en gastos anticipados de $20.000: que es el monto promedio necesario para preparar un caso para juicio. Cuando haces las cuentas, sería algo así: el abogado obtiene 40 por ciento del valor otorgado en el veredicto, en este caso, sería un monto de alrededor de $40.000; a lo que debemos sumarle el reintegro también al abogado de su inversión inicial: en este ejemplo, sería una suma de $20.000 abonada para cubrir todos los gastos previos al juicio. Esto significa que $40.000 más $20.000 son $60.000 y $60.000 menos $100.000 son ¡$40.000! El ajustador reconoció que Surget obtendría el mismo monto ($40.000) en el acuerdo preliminar, o sea, igual suma que obtendría si contratara un abogado y lograra una oferta por el límite de la póliza. Lo máximo que podría esperar recibir, finalmente, era $40.000; pago que podría demorar en cobrarse hasta dos años.

"¿Por qué no mejor aceptas los $40.000 ahora y te ahorras todos los agravios inherentes a un juicio, aparte del riesgo de terminar en un juicio por jurado?", le propuse. Surget entendió rápido la lógica de la ecuación y felizmente aceptó los $40.000.

Cómo protegerte

Surget representa un ejemplo excelente de por qué estoy escribiendo este libro.

Los conductores como Surget, quienes han tenido un accidente y se encuentran negociando con una compañía de seguros, por lo general, pueden defender sus reclamos sin tener que contratar a un abogado. Así ahorran tiempo, dinero y se evitan la inevitable ansiedad asociada. Para hacerlo, no obstante, esos conductores necesitan contar con algunos consejos sobre cómo funciona el sistema y, también, sobre cómo piensan las compañías de seguros.

La clave está en que entiendas el proceso. La diferencia es enorme si sabes cómo comunicarte efectivamente con las compañías de seguros —con tu propia empresa, así como también con la del otro conductor. ¿Qué puedes esperar de ellas?

Asimismo, debes saber qué es lo primero que tienes que hacer ante un accidente de tránsito para proteger tus derechos; debes saber dónde obtener un tratamiento médico que ayude a tu recuperación; cómo documentar tus lesiones, a los fines de resolver un reclamo y cómo construir tu caso.

Conviene protegerte incluso antes de que ocurra el accidente. Esa es la razón por la que contratas un seguro en primer lugar, ¿verdad? Para asegurarte de que si llegara a ocurrir un siniestro, tú estarás adecuadamente cubierto.

Mi estudio de abogados analizó este hecho y descubrió que más del 80 por ciento de nuestros clientes no tiene idea del tipo de cobertura que incluye su póliza de seguro. ¿Sabes cuál es el alcance de tu cobertura? ¿Conoces qué tipo de seguro tienes? ¿Sabes qué tipo de seguro es adecuado para ti? ¿Y cómo funcionan conjuntamente las distintas pólizas para cubrir el monto total de tus pérdidas?

Antes de que te encuentres en una situación difícil de resolver, ya deberías haberte preparado, teniendo en cuenta los distintos niveles de seguro que resultan adecuados. Si te tomas el tiempo necesario para saber qué seguro adquirir, entonces se reducen las probabilidades de que necesites un abogado si resultas lesionado en un accidente vehicular.

Este libro te ayudará a avanzar durante el proceso completo. Después de treinta años de ejercer como abogado en casos de lesiones personales, creo haber visto todos los errores que pueden cometer las víctimas al intentar resolver todo por su cuenta, después de haber sufrido una colisión. Este libro te ayudará a evitar esos errores y te servirá, además, para decidir si tu caso es suficientemente relevante como para justificar invertir en contratar representación legal.

Surget fue muy afortunado de que yo estuviera dispuesto a conversar con él telefónicamente y ofrecerle mis consejos sin costo alguno. La mayoría de los abogados no hacen esto y, honestamente, cuando estoy ocupado con mis clientes o en un juicio, yo tampoco cuento con el tiempo necesario para hacerlo. A decir verdad, Surget venía recomendado por un amigo y me pescó en un momento en el que me sentía muy generoso. Además, la experiencia me ayudó a darme cuenta de que este libro es necesario para ayudar a todos aquellos que pueden llevar adelante su propio caso, sin necesidad de contratar indefectiblemente un abogado.

Obtén la ayuda que necesitas

Este libro te brindará todos los consejos que necesitas para negociar un acuerdo en diversos casos de accidentes automovilísticos. Te brindaré las herramientas para que puedas hacerlo solo y, si necesitas contratar a un abogado, este libro te servirá para comprender mejor lo que el letrado está haciendo por ti y porqué.

Eso sí, vamos a aclarar algo: existen muchas situaciones en las que una víctima de un accidente de automóvil necesita de la ayuda de un abogado. Son muchos los casos de este tipo de accidentes que resultan verdaderamente complejos. Entre ellos podemos citar: casos en los que existe controversia sobre quién fue responsable por el accidente; situaciones en los que los límites de póliza son muy elevados y en los que no se está evaluando adecuadamente la lesión sufrida o accidentes en los que se produjeron daños cerebrales, los cuales son extremadamente difíciles de cuantificar. Por lo general, estos son los tipos de incidentes que requieren contratar representación legal para que el conductor lesionado obtenga la mejor compensación posible.

Un abogado te ayudará a transitar este proceso. Muchas compañías de seguros no son transparentes, por el contrario, son tramposas y despiadadas, y ello dificulta el camino para cualquier persona común y corriente. Las compañías de seguros son redituables porque logran que contrates la mayor cobertura posible y pagues primas altas durante años, para luego hacer todo lo posible por mantener las compensaciones por reclamos lo más bajas posible. Puede que estés en términos amigables con tu agente de seguros, pero la empresa para la que trabaja tu agente no tiene como objetivo ni cuidar tu salud ni tus intereses. Su única meta son las ganancias. No confíes en nadie que proclame que "Estás en buenas manos"[1] o que diga

---

1. **N. del T.**: "The Good Hands People" es el nombre de una compañía de seguros de Estados Unidos. El autor hace aquí un juego de palabras entre el nombre de la empresa y el concepto de estar en buenas manos.

que está "De tu lado"[2]. Más aun, cuídate de los "geckos" (*por nombre de compañía de seguros Gecko*), hombres de las cavernas y los representantes de reclamos de seguros llamados *Flo*. No son tus amigos.

Sin embargo, en lo que sí las aseguradoras son muy buenas es en lograr que las víctimas acepten menos de lo que merecen.

Mi objetivo no es enseñarte a ser un abogado. En realidad, lo que quiero es que seas consciente de las trampas, ayudarte a ahorrar dinero y a protegerte a ti mismo si llegaras a tener un accidente automovilístico.

Te diré lo que debes saber sobre las diferencias que existen en la forma de llevar adelante un caso, según sea: un accidente con un camión comercial, con un ferrocarril o una embarcación o con un vehículo. No existen dos accidentes iguales, las leyes estatales de seguros no son todas las mismas y cada póliza de seguro es diferente.

Por si acaso, explicaré otros tipos de casos de lesiones personales que casi siempre requieren de la intervención de un abogado, como los casos de mala praxis médica, reclamos por responsabilidad de productos defectuosos y el acoso sexual.

Por último, tendrás la posibilidad de responder a una simple pregunta: ¿realmente necesito un abogado?

La respuesta probablemente sea: "No, no lo necesito".

---

2. **N. del T.**: "On Your Side" es el eslogan que utiliza una conocida compañía de seguros estadounidense, Nationwide Mutual Insurance Company, además del propio significado de la frase muy utilizada en la jerga de la industria de seguros.

CAPÍTULO UNO
Actúa rápido tras una colisión

En los segundos posteriores a una colisión con el automóvil, es posible que no estés pensando con claridad. Puede que estés en un estado de conmoción. Tal vez hayas sufrido un golpe o traumatismo; ¡Diablos! hasta puede ser que te hayas desvanecido. Aun tratándose de una colisión leve con el guardabarros, lo más probable es que estés alterado.

Por ese motivo es de vital importancia que, antes de que ocurra un accidente, sigas ciertos pasos para garantizar que tanto tus derechos, como tus intereses, estén bien protegidos. Debes adoptar, sin duda, las medidas correspondientes para protegerte físicamente: colócate el cinturón de seguridad, mantén tu atención en el volante, no te distraigas con dispositivos electrónicos o el teléfono celular y asegúrate de que tu vehículo esté en óptimas condiciones mecánicas, así como también de que tu póliza de seguro sea la adecuada para ti.

Asimismo, conviene tener a mano en el automóvil la información y las herramientas necesarias para documentar los hechos en caso de sufrir un accidente. Estas herramientas te servirán para recopilar pruebas rápidamente, estas pruebas te permitirán protegerte y le aportarán credibilidad a tu caso.

Lleva contigo lo siguiente: bloc de notas, lapicera (o lápiz, si vives en una zona de clima muy frío donde la tinta puede congelarse), una cámara fotográfica (si no posees un Smartphone), credencial de seguro y una copia de la lista que se adjunta en el Apéndice A de este libro. Guarda estos elementos en una bolsa hermética y resistente, para facilitar su localización en caso de apuro. Considera, además, tener una caja en el automóvil para guardar una linterna con pilas de repuesto, una o dos bengalas, cables puente, una navaja y una manta para viajes durante el invierno.

Los accidentes que podrás resolver por tu cuenta sin recurrir a un abogado son aquellos en los que no hayas sufrido ninguna lesión incapacitante. Si por el contrario, estás tan afectado por el incidente que te es imposible actuar de inmediato, lo más conveniente sería contratar a un abogado y, de ese modo, cubrirte respecto de todo daño y perjuicio. Ahora bien, si no has sufrido un traumatismo como consecuencia del accidente, inmediatamente realiza todas las acciones necesarias para construir tu caso. Así, contarás con la información y documentación necesarias para que la aseguradora te brinde el servicio adecuado. Es de vital importancia que comprendas que un accidente automovilístico no sólo es peligroso, sino que también es oneroso, y aquellos que no actúan con celeridad en defensa de sus propios intereses, pueden fácilmente terminar perjudicados por el conductor culpable y su despiadada compañía de seguros.

Por ejemplo: un cliente detuvo su vehículo en una intersección de cuatro vías. Cuando fue su turno de avanzar, ingresó en la intersección. Justo cuando estaba acelerando, un conductor que estaba sobre su derecha no respetó la luz roja y mi cliente terminó embistiéndolo.

Mi cliente quedó inconsciente y despertó en el hospital. Dos horas más tarde, se presentó ante él un oficial de policía, quien le preguntó cómo se sentía.

—Siento como si me hubiera arrollado un camión —dijo.

Supuso que el oficial se iba a reír, pero no fue así.

—Lo lamento —dijo el oficial—, pero me veo obligado a hacerle una multa.

Mientras mi cliente intentaba comprender la situación, tuvo la suficiente lucidez como para reaccionar al instante.

—¿Qué? —preguntó—. ¿Por qué me hace una multa? El otro hombre cruzó con la luz en rojo. No fui yo —.

El oficial le contó que el otro conductor había contado una versión diferente. Afirmaba haberse detenido en el semáforo en rojo y que la colisión había sucedido porque mi cliente había avanzado con luz roja; aparte de eso, el otro conductor iba con un acompañante y ambos aseguraban que había sido mi cliente el responsable de la infracción.

Es su palabra frente a la palabra de dos personas. ¿Qué hacer en una situación similar?

En ese caso en particular, el conductor damnificado decidió no hacer nada sin asesoramiento legal y contrató mis servicios. Fue una sabia decisión considerando que estaba hospitalizado e incapacitado para desplazarse y juntar las pruebas pertinentes para refutar las mentiras del otro conductor. Por ejemplo, en el transcurso de nuestra investigación descubrimos una cámara de vigilancia instalada en una gasolinera cercana. Por fortuna, la cámara estaba apuntando a la intersección y el video registrado el día del accidente no había sido eliminado aún ni filmado encima. Al revisar el video, fue evidente que tanto el otro conductor como su acompañante mentían.

Primero, apelamos la multa que el oficial emitió a nombre de mi cliente. Utilizamos el video en el tribunal para demostrar que mi cliente no había infringido ninguna ley de tránsito, mientras que el otro conductor, sí. Queríamos asegurarnos de que el legajo de mi cliente estuviera limpio, que no hubiera nada que la compañía de la parte contraria pudiera usar como arma para rechazar el reclamo de mi cliente.

Segundo, mostramos el video a la aseguradora del otro conductor. El hecho de que la mentira del conductor hubiera perjudicado tanto a mi cliente fue algo citado como agravante a la hora de preparar nuestra carta de demanda contra la compañía de seguros.

Permítame hacer una breve pausa, una digresión estratégica: existen buenos motivos para exhibir a la aseguradora la filmación y ganar el argumento respecto de la responsabilidad en la etapa de negociación previa al juicio (denomina "etapa preliminar al juicio", porque corresponde al periodo anterior a la presentación de una demanda), especialmente si tu deseo no es litigar. Ir a juicio sin representación legal es imposible. Si quieres litigar, deberás consultar con tu abogado antes de revelar una prueba tan concluyente. Posiblemente tu asesor tenga su estrategia para propiciar que la otra parte declare baje juramento y atestigüe los hechos y circunstancias del suceso, antes de presentar la prueba del video que demostrará lo contrario. Solo piensa un instante antes de brindar una prueba que resuelva indudablemente el punto en discusión. Tal vez sea mejor llegar a un acuerdo previo al juicio, si lo quisieras.

En el caso que nos ocupa, mi cliente consiguió un acuerdo sustancioso por un valor de $225.000. La mentira del conductor en falta hizo que el ajustador dejara de creer en su palabra y pienso que también elevó el monto del acuerdo de $50.000 a $75.000. Si hubiéramos ido a juicio, donde yo hubiera podido demostrar la mala maniobra del conductor en falta, hubiera exigido cuanto menos $500.000. Pero mi cliente no tenía ánimo para ir ante un tribunal.

La moraleja de esta historia: cuando ocurre un accidente vehicular, todos quieren salvarse y es posible que las personas no cuenten los hechos tal como sucedieron. Los implicados en un accidente, automáticamente intentarán defender sus actos y tratarán de librarse de todo tipo de culpa aun en los casos en que las personas no mientan descaradamente, pueden ser imprecisas en cuanto a los hechos. A menudo la gente percibe cosas de manera diferente: lo que tú crees que sucedió, puede variar mucho de lo que el otro cree que sucedió.

Si has visto el aclamado film de 1950 intitulado Rashomon, sabrás de lo que estoy hablando. Rashomon, dirigido por el renombrado Akira Kurosawa, narra la historia de varios personajes que se encuentran en un tribunal atestiguando con versiones subjetivas, egoístas, muy distintas entre sí, en torno a un mismo incidente —la muerte de un samurái y la violación de su esposa en el Japón del siglo XII. Cada testigo brinda una historia diferente, mas cada uno narra una versión creíble. A raíz del film, surgió el término "efecto Rashomon" para definir un fenómeno producido por la subjetividad de los testigos oculares de un mismo incidente, cuyos recuerdos suelen ser contradictorios y poco confiables.

Algo similar ocurre después de un accidente vehicular.

Como resultado de este efecto Rashomon, es imprescindible no aceptar todo lo que la gente aduce y no reconocer una falta. Tómate un tiempo para reflexionar acerca de lo ocurrido y recabar datos.

Después del accidente

Si te ves involucrado en un accidente automovilístico, lo primero que debes hacer es evaluar tus heridas y buscar asistencia, si la requieres.

Pero si no has sufrido lesiones o si la lesión es menor, hay medidas que puedes tomar en la escena del accidente. En primer lugar, intenta reconstruir exactamente qué sucedió. Piensa qué estabas haciendo antes del incidente. Ten la mente clara respecto de lo ocurrido y pregúntale a la otra persona cuál es su versión de los hechos. Con frecuencia, la parte culpable admitirá su error antes de que llegue la policía pues es así como hemos sido educados, asumir la responsabilidad de los propios errores y no mentir. Si logras que el otro conductor reconozca su equivocación y puedes guardar un registro de ello, te ahorrarás mucho tiempo, más adelante, cuando la policía y las compañías de seguros intenten determinar culpas.

Consejo estratégico: las abejas se sienten más atraídas a la miel que al vinagre. Si te bajas del vehículo y te echas a vociferar, la otra parte se quedará callada y no admitirá nada. Si, en cambio, te bajas del automóvil y le preguntas a la persona si se encuentra bien y amablemente le preguntas por qué te embistió, con frecuencia la respuesta será: Lo siento. No sé en qué estaba pensando". O bien: "Bajé la vista para mirar la radio y el tránsito se detuvo de golpe". O incluso mejor: "Estaba marcando un número en el teléfono y cuando alcé la vista, era demasiado tarde". Cuando la policía llegue a la escena, podrás explicar con mucha calma al oficial que el otro conductor ya se disculpó y que admitió su falta.

Tras obtener una confesión, deberás documentar la escena del accidente lo mejor posible. Extrae los elementos de la guantera. El Smartphone es ideal para documentar pruebas. Toma fotografías y haz un video. Habla con los testigos y obtén sus nombres y datos de contacto. Si alguien ha resultado herido, toma fotos. Fotografía a la gente en la escena del accidente, así como también a los vehículos presentes. Si hay un semáforo y la otra parte no admite su falta, haz un video y toma fotos de la secuencia del semáforo. Toma nota de todo en las inmediaciones: tiendas, señalización vial y urbana, cruces peatonales. Si ibas con un acompañante, solicita su colaboración. Si la otra parte lleva un acompañante, averigua si se encuentra bien y pregúntale qué vio. Muchas veces, el pasajero estaba leyendo o dormía, o miraba por la ventanilla. Muchas personas no desean involucrarse, pero saben que el conductor de su vehículo cometió una falta y, por ese motivo, afirman no haber prestado atención. Si logras que describan algo, es menos factible que luego se presenten como testigos en tu contra. La gente no tiene conciencia de lo poderosa que es una admisión de culpa en un tribunal. La admisión del conductor, nuestro contrincante en un litigio, constituye una prueba válida ante un tribunal. Los dichos del pasajero pueden ser aceptados como una manifestación espontánea, por ende, intenta obtenerlos no bien bajes del vehículo. Muchas cosas positivas suceden cuando se documenta tempranamente un accidente.

Puede que esto te resulte incómodo, y a algunos les resultará hasta poco digno. Pero muchos se sorprenderían si supieran cuán a menudo las víctimas protegen sus derechos cuando cuentan con pruebas tales como fotografías y testimonios tomados en la escena del accidente. No hay nada de malo o repugnante en documentar lo ocurrido. Tú no sólo tienes el derecho, sino también la obligación de proteger tus intereses.

Tienes que saber el nombre de todos los presentes en la escena, en especial quién puede ser un buen testigo. Necesitas saber quiénes son porque los abogados de la otra parte lo van a saber y los van a rastrear. Tienes que llegar primero. Debes conseguir sus datos personales, número de teléfono y dirección de correo electrónico. Intenta obtener un testimonio. Si no logras que te brinden el testimonio, que al menos te den una idea general de lo que pueden recordar. Más adelante podrás obtener una declaración testimonial.

Si actúas con celeridad después de un accidente, llevarás la delantera frente a la compañía aseguradora. Tendrás una posición de mayor poder a la hora de negociar un acuerdo. Los recuerdos de las personas cambian con el correr del tiempo, por lo que necesitas tener las declaraciones mientras los sucesos están frescos en la mente. Grabaciones en video, como la que encontré en la gasolinera, se pierden o se graban encima, por lo que es imprescindible conseguirlas lo antes posible. Le debes solicitar al oficial presente en la escena que verifique la secuencia temporal del semáforo para descartar que ambos conductores hubieran tenido la luz verde en forma simultánea y que ello haya desencadenado.

¿Necesito un abogado?

Al evaluar si necesitas el asesoramiento de un letrado, deberás plantearte cuánto trabajo de esa índole estás dispuesto a hacer y cuán trabajoso resultará obtener la información necesaria. En el caso arriba descripto, en el que mi cliente tuvo la posibilidad de pensar en una cámara ubicada en la gasolinera cerca de la escena del accidente, cabe preguntarse si el encargado de la gasolinera se hubiera mostrado solícito para darle acceso al video como lo hizo con nosotros.

No lo sé.

Lo que sí sé es que cuando en mi estudio se realiza una investigación, buscamos antecedentes de todos los implicados. Averiguamos cuántos reclamos ha hecho nuestro cliente a la aseguradora y cuántos hizo el otro conductor. Enviamos cuestionarios a todos los testigos, y muy a menudo los llamamos y concretamos una entrevista antes de que lleguen a completar el cuestionario. Si es un caso importante, contratamos los servicios de un actuario para realizar la entrevista y la cinta del video.

Tomamos fotografías de todos los daños materiales. Obtenemos presupuestos detallados de reparación para todos los vehículos implicados. Cuando la compañía de seguros tome nota de un gasto de reparación de $3.000, dirá que el daño fue menor. Pero nosotros nos daremos cuenta de que $1.200 de la factura corresponden a enderezar la carrocería de una camioneta Ford F-150 y con esa información demostraremos la fuerza del impacto. Se necesita un golpe fuerte para hacer mella en la carrocería de una F-150. Cabe preguntarse si nuestro cliente va a sufrir lesiones crónicas en el cuello como consecuencia del impacto.

Todos estos detalles son cruciales para redactar una potente carta de acuerdo, también denominada carta de demanda, para presentar a la compañía de seguros. Algunos no estarán dispuestos a dedicar el tiempo y el esfuerzo a recabar esta información. En cuyo caso, deberían evaluar la conveniencia de buscar asistencia legal.

Pero si te sientes confiado de que podrás ocuparte de lleno a tu caso, pudiendo hacer todas las averiguaciones necesarias, te ahorrarás mucho dinero y lo resolverás con mayor celeridad. He notado que muchas personas son muy hábiles respecto de su propio caso. Conocen los detalles mejor que nadie. Esos detalles son los que hacen la diferencia. Escríbelos y tenlos a mano para volcarlos en la carta de reclamo. Cada pequeño elemento contribuye a armar otros pequeños elementos que, en su conjunto, tendrán un fuerte impacto sobre el ajustador de seguros de la otra parte.

Mantente alerta

Muchos conductores creen erróneamente que el oficial de turno documentará los hechos. Algunos oficiales de turno están bien entrenados en asuntos de tránsito, y si el accidente es grave, es posible que se envíe a un perito o a un agente de homicidios. Pero para accidentes de tránsito generales, el oficial a cargo le pedirá a cada parte que relate lo sucedido, y si ambas partes responsabilizan al otro, el oficial redactará un informe según el cual nadie es culpable. Dejará que ambos conductores lo resuelvan en el tribunal.

No sirve de nada quejarse y esperar que el oficial haga el trabajo de investigación por ti. En muchos tribunales, una investigación e informe de un accidente no constituye una prueba. En algunos estados, el testimonio tomado por el oficial presente en la escena de los hechos tiene carácter de confidencial y no puede usarse como prueba. Por ejemplo, si el oficial toma nota de que el otro conductor reconoció haber estado distraído mirando el teléfono antes de la colisión, el letrado que te defienda no podrá confrontar en el tribunal al otro conductor respecto de esa declaración. Ayuda contar con la información, pero no garantiza que los hechos bien documentados puedan usarse más adelante en el reclamo.

Debes velar por tus propios intereses

Recuerdo un cliente que hizo un gran trabajo. No fue un accidente automovilístico, sino que tuvo lugar en otro tipo de vehículo: un crucero.

Este cliente era una mujer de 58 años de edad que iba en un crucero con su pareja, un abogado litigante retirado. Nuestra cliente bajaba unas escaleras camino de un banquete de gala cuando el tacón aguja de uno de sus zapatos quedó atrapado en una grieta que había en un mosaico de la escalinata. Cuando quiso avanzar, su zapato se trabó, provocándole una caída hasta el pie de la escalinata. Fue una caída grave.

Su novio se apresuró para asistirla. Miró hacia arriba y vio el zapato que pendía, el tacón seguía sujeto a la grieta. Hizo una fotografía del zapato en la escalera. Luego, mientras ella estaba sentada siendo atendida por un tripulante, él subió la escalera para hacer un registro de cerca y mostrar el tacón inserto en la grieta.

La compañía naviera insistía en que la escalera no había provocado la caída. Sino que ella habría tropezado y caído por su cuenta, por lo cual, la empresa se negaba a aceptar cualquier clase de responsabilidad.

Entonces les mostramos las fotos.

De pronto, la conversación dio un vuelco.

¿Seguro que no quieren resarcir a esta pobre mujer? ¿Tal vez deberíamos entablar una demanda y que un jurado eche una mirada a estas fotografías?

Por último, entablamos juicio. Casi siempre hay que hacer juicio a las navieras porque tienen un plan de auto-seguro y rara vez llegan a un acuerdo a menos que se los demande. Finalmente, llegamos a un acuerdo por $150.000.

La importancia de las fotografías

Las fotografías son valiosas ya que la memoria no es de fiar. Una fotografía puede agudizar el recuerdo de una víctima de un accidente. Asimismo, puede ayudar a que el demandado comprenda qué sucedió y qué grado de responsabilidad le cabe.

Ha ocurrido que se han presentado fotografías y videos en contra de nuestros defendidos. Por ejemplo, otro cliente también en un crucero, se sentó para comer en la cubierta. La silla era de esas sillas de plástico apilables y cuando se sentó, una de las patas se rompió, y el cliente golpeó sobre la cubierta y sufrió una hernia de disco en la columna vertebral.

Al menos es lo que nos dijo acerca del incidente.

La naviera tenía un video del área y cuando revisamos el video fue evidente que la pata de la silla no se había roto; se había doblado y nuestro cliente dio un salto para evitar una caída. De hecho, no se lo veía lastimado.

El video fue muy revelador acerca de la pobre memoria de nuestro cliente. Y afectó el caso, ya que hizo pensar que había mentido. ¿Era factible que una pata endeble lastimara su espalda? Tal vez. Pero el video hacía difícil que alguien creyera que el incidente hubiera lesionado a mi cliente. Fue un duro revés para el caso. Si yo hubiera sabido del video con anticipación, tal vez hubiéramos podido hacer algo al respecto. Quizás que la pata se doblara y él tuviera que incorporarse de un salto pudo haber provocado una lesión. Pero esa opción se esfumó cuando quedó demostrado por el video que la memoria de mi cliente no se correspondía con los hechos.

¿Quién va a pagar los daños?

La mayoría de los conductores se ven abrumados por un sinfín de preguntas luego de un accidente vehicular del que fueron víctima. ¿Quién va a cubrir mis gastos médicos? ¿Quién va a pagar la reparación mecánica? ¿Puedo alquilar un automóvil? ¿Quién va a absorber el costo del alquiler? ¿Y si debo quedarme en casa y no puedo ir a trabajar? ¿Quién va a hacerse cargo de proveer mis ingresos? Si el otro conductor cometió una falta, ¿qué tipo de resarcimiento puedo esperar de mi compañía de seguros?

Te propongo que primero analicemos los daños materiales.

Daños materiales

Si cuentas con un seguro de automotor y tu automóvil resulta dañado en un accidente del que fuiste víctima, tienes la opción de elegir qué seguro usar. Puedes usar tu propio seguro si es una póliza contra todo riesgo que cubrirá todos los daños materiales, incluso si fue un acto negligente de tu parte. Esta cobertura se llama seguro extendido y contra choques. Cubre los daños del vehículo del asegurado (choque) y todo lo que se encuentra dentro y en torno al vehículo (extendido). A menudo viene con un deducible de $500, $1,000 o $2,000. Debes pagar el deducible si eres responsable de haber provocado los daños en tu vehículo.

Pero cuando un tercero es responsable de los daños a tu vehículo, hay maneras de evitar el pago de ese deducible. Si el conductor culpable cuenta con un seguro decente, dicho seguro incluye una cobertura por "daños materiales". Esto cubre todos los daños materiales, incluyendo los daños a terceros causados por el asegurado.

Tenemos entonces dos pólizas que cubren el mismo daño, y los dos ajustadores a menudo calculan rápidamente el costo de reparación. Se valen del informe del accidente y las declaraciones telefónicas aportadas por los conductores para dirimir culpas. El ajustador del conductor en falta usará la cobertura por daños materiales de su cliente para cubrir el reclamo por daños causados al vehículo del tercero o tu ajustador recurrirá a tu cobertura extendida y contra choque para cubrir tu reclamo, sabiendo que la póliza del conductor en falta pagará el deducible. Una vez que tu ajustador pague el reclamo sobre tu automóvil, le das el derecho de contactar al seguro del tercero por los gastos incurridos.

El camino más sencillo para que tu automóvil sea reparado es dejar que los dos ajustadores hagan sus cálculos mientras el vehículo está en el taller. Toda prueba que tengas sobre la culpabilidad del otro conductor contribuirá a que tu reclamo se cubra rápidamente, sin que tengas que pagar el deducible. Si es la responsabilidad lo que está en discusión, debes brindarle a tu ajustador un testimonio del accidente, junto con las pruebas que demuestren que el otro conductor estaba en falta. Toda cobertura de seguro exige que los asegurados cooperen con la investigación de la compañía; debes denunciar el accidente enseguida y dar un testimonio a tu propia compañía, cuando así se requiera.

A la hora de trabajar con los ajustadores, pueden suceder varias cosas. Algunos ajustadores dirán: "Cubriremos el total. Nos ocuparemos de todo". Otros, en cambio, dirán: "Mire, para realizar un reclamo, pague la reparación y el deducible con su propia póliza de colisión, y si logro obtener el deducible de la empresa de seguros de la otra parte, le enviaré un cheque". Las peores compañías dirán: "Si quieres recuperar el deducible, ve a juicio. Yo no voy a participar. Me ocupo de hacer reparar tu automóvil, tú pagas el deducible y caso cerrado".

Si has contratado una cobertura extendida y contra choque, tu aseguradora no debería delegarte el manejo del asunto. Tu compañía debería cubrir los gastos por daños. Es para eso que le pagas una prima sustancial.

Dicho esto, en ocasiones es más sencillo contactar a la aseguradora del otro conductor —especialmente si es un caso claro de responsabilidad— y pedirle que cubra la pérdida que has sufrido. Muchos ajustadores aceptan una falta al 100% y le pagan al taller mecánico. En ocasiones, accederán a pagar un auto de alquiler. Es posible que su póliza incluya cobertura de alquiler de automóvil; es una cobertura económica y un gran beneficio, especialmente si el taller de reparación está asociado a una agencia de alquiler como muchos concesionarios tienen.

Si llevas tu automóvil a un taller autorizado te ahorrarás tiempo y dinero, y los daños materiales no tardarán en repararse. Las principales compañías aseguradoras cuentan con talleres mecánicos autorizados que trabajan en conjunto con la aseguradora y mantienen un buen vínculo con los ajustadores. Las distribuidoras y talleres oficiales a menudo tienen las cosas claras.

No obstante, sé cauto al tratar con los talleres autorizados. A menudo te darán un presupuesto estimativo con un detalle de los daños que se ven a simple vista. Este presupuesto específicamente desestima todo daño subyacente que no se aprecia a simple vista. Con este presupuesto estimativo en mano, tu ajustador bien puede afirmar: "El presupuesto por daños es de $2.300. Su deducible es de $500. ¿Quiere un cheque por $1.800, o prefiere que avancemos con las reparaciones y pagar el deducible?"

A menos que quieras deshacerte del vehículo, no aceptes el dinero. Este presupuesto estimativo es bajo intencionalmente, y si apruebas la reparación, el taller mecánico va a desmontar el automóvil y, en la mayoría de los casos, oh milagro, se detectan más daños. A continuación debe presentarse una factura suplementaria por daños a la aseguradora para que la pague.

¿Por qué los talleres mecánicos elaboran estos presupuestos estimativos? Porque muchas personas toman el efectivo y conducen un automóvil dañado. No les importa que el guardabarros esté abollado o que un panel lateral tenga un rasguño. La compañía aseguradora lo sabe, y a menudo llegan a un acuerdo sin tener que desembolsar un monto mayor para cubrir la reparación total del vehículo. De este modo se ahorra miles de dólares con cada caso y millones de dólares anuales. La compañía se aprovecha de la codicia de la gente o su necesidad de hacerse de efectivo y se salva de pagar el valor total de lo que debería pagar por contrato. Tengo la certeza de que los talleres de reparaciones aceptan realizar estos presupuestos estimativos tan bajos a cambio de pertenecer al grupo de talleres oficiales.

Como podrás apreciar, hay mucho más en torno a la gestión con las compañías aseguradoras de lo que la gente imagina. La gestión con ellas es anterior a ponerse al volante. Comienza al contratar una póliza de seguro para protegerte. Y hay muchas opciones confusas dando vueltas. Sigue leyendo y aprende cómo elegir la póliza más apropiada.

¿Qué derechos tienen las personas indocumentadas en un accidente automovilístico?

Una de las preguntas que generalmente se hacen los abogados de accidentes vehiculares en Florida es si las personas indocumentadas que se encuentran en los Estados Unidos tienen derechos ante la justicia en el caso de verse involucradas en un accidente de automóvil. La respuesta es breve: ¡Sí! Independientemente de tu condición migratoria, tienes los mismos derechos que cualquier ciudadano o persona que habite legalmente en los Estados Unidos.

Existen muchos derechos de los que disfrutan los ciudadanos de este país, que no aplican a las personas indocumentadas o que se encuentran aquí ilegalmente. No obstante, el derecho a recibir justicia por un accidente vehicular es una protección con la que cuenta todo inmigrante, independientemente de la condición migratoria. Las mismas protecciones legales que aplican para un ciudadano legal o residente permanente autorizado son las mismas que aplican a cualquier persona indocumentada o que habita ilegalmente en el territorio.

Sin embargo, detectamos que existe otro problema dentro de la comunidad de inmigrantes. Las personas NO hacen valer sus derechos. Esto es así tanto en el caso de los extranjeros que se encuentran aquí legalmente, como en el caso de los que no cuentan con los documentos habilitantes. Si bien tienen derecho a iniciar una demanda por daños económicos y ayuda financiera, no lo hacen. En la mayoría de los casos la razón es el miedo. Temen que si insisten en defender sus derechos, terminarán siendo denunciados ante el gobierno estadounidense y expulsados del país.

Existen buenas razones que justifican este temor, en especial, en el caso de las personas indocumentadas. Los arrestos de inmigrantes indocumentados en Florida se duplicaron durante el Gobierno de Trump entre 2016 y 2020, de acuerdo con lo indicado por la oficina del Servicio de Control de Inmigración y Aduanas de los Estados Unidos, ubicada en Miami, Florida. De hecho, mientras que los arrestos han fluctuado entre incremento y decremento en el pasado, las deportaciones parecieran mantenerse constantes. En virtud del Decreto Ejecutivo de Trump para el cumplimiento de las Leyes Migratorias, dictado en enero 2016, la cantidad de deportaciones ha incrementado significativamente. A partir de 2016, se registró una suba de 25% en las deportaciones, de 5.600 expulsiones a 7.100. El Gobierno de Obama no fue tan agresivo con las personas indocumentadas, mas sí se centró en expulsar a los extranjeros indocumentados con antecedentes penales.

Los datos más recientes establecen que hay más de 11 millones de personas indocumentadas en los Estados Unidos, de los cuales cerca de 1 millón se encuentran en Florida. Esta gran comunidad de personas vive aquí en constante temor. No solo enfrentan las mismas preocupaciones que todos aquellos que intentan criar a sus hijos en un contexto pacífico, sino que además tienen que lidiar con el miedo a los Estados Unidos, a Florida, a las instituciones de control, por ejemplo, la policía y los funcionarios de migraciones. Esto, desde ya, no impide que puedan sufrir lesiones en un accidente automovilístico. Es prácticamente imposible vivir en los Estados Unidos de Norteamérica y no interactuar con el tránsito, los automóviles, y viajar a través de nuestras carreteras y autopistas. Cualquier persona, en cualquier momento, puede resultar gravemente lesionada por un automóvil, camión o motocicleta. Cuando estas lesiones ocurren, estas personas necesitan ayuda. Necesitan de un abogado que los ayude a reclamar por los daños sufridos. El objetivo es realizar el reclamo sin tener que divulgar ningún tipo de información respecto de su condición migratoria. El abogado puede actuar a modo de escudo de la persona lesionada, mientras ésta recibe tratamiento médico, compensación por lucro cesante, gastos futuros y dinero adicional por su dolor y sufrimiento, y futura incapacidad.

Cabe señalar que NO es tarea fácil. La persona indocumentada deberá negociar entre la fina línea que divide la presentación de un reclamo por lucro cesante pasado y futuro, a la vez que deberá reconocer que no tiene autorización para trabajar aquí en los Estados Unidos. Un abogado calificado, empático respecto de los derechos de sus clientes, puede incrementar enormemente las posibilidades de éxito de su cliente.

Desafortunadamente, el abogado solo podrá proteger a su cliente en una instancia de acuerdo de compensación, pero sin posibilidad de ir a juicio, ya que desde 2008 es posible incluir la condición migratoria de una persona en cualquier litigio en reclamo de lucro cesante pasado y futuro. Más aun, como se indica más arriba, el sistema de tribunales federales ha determinado que los extranjeros ilegales no pueden reclamar lucro cesante en casos de muerte por negligencia. Esto ha sido ley desde 2003 y es muy poco probable que cambie en el corto plazo.

Asimismo, es importante resaltar que los inmigrantes ilegales que resultan heridos en el trabajo tienen derecho, en la mayoría de los estados, a tener un seguro de compensación para trabajadores. Por desgracia, muchas de las leyes estatales de Compensación para Trabajadores no son estrictas respecto de los empleadores que evitan adquirir el seguro de compensación correspondiente para sus empleados ilegales o indocumentados.

En virtud de estos principios tan delicados, es posible para una persona indocumentada manejar su propio caso de accidente automovilístico, siempre y cuando renuncie a reclamar su lucro cesante pasado y futuro, pero necesita de un abogado para poder obtener el valor total de su caso.

Para leer más sobre las pruebas que respaldan estos hechos, visita los siguientes vínculos:

sun-sentinel.com/news/florida/fl-reg-florida-immigrant-arrests-20171207-story.html

whitehouse.gov/the-press-office/2017/01/25/presidential-executive-order-enhancing-public-safety-interior-united

scholar.google.com/scholar_case?case=2307591189406893711&q=illegal+alien+negligence&hl=en&as_sdt=4,10,325,326,327

publicnewsservice.org/2017-09-06/immigrant-issues/fight-to-protect-floridas-undocumented-injured-workers/a59307-1

psmag.com/news/florida-lawmakers-are-reviewing-a-law-targeting-undocumented-workers-injured

CAPÍTULO DOS
En qué consiste un seguro de automotor

El primer paso para protegerte de una lesión debilitante a largo plazo, si tuvieras un accidente del que no eres culpable, es asegurarte de que tu propia póliza cubra adecuadamente tus necesidades.

Cuando vayas a adquirir un seguro, debes averiguar cuáles son los requisitos mínimos que impone tu estado. Cada estado tiene diferentes requisitos, que determinarán cuánto deberás pagar por tu seguro. Mi estado de residencia es Florida. Aquí, por ejemplo, se exige tener una Protección contra Lesiones Personales (PIP, *por sus siglas en inglés*) por un monto de $10.000 y un seguro de daños a la propiedad, también de $10.000. El seguro PIP corresponde a la cobertura por tus gastos médicos, mientras que el seguro por daños a la propiedad se utiliza cuando has sido responsable del accidente y debes pagar los daños ocasionados al automóvil y a la propiedad del otro conductor. Estos montos de $10.000 son los valores mínimos obligatorios. Si tienes un accidente con este límite de cobertura, tu seguro solo está obligado a pagar tus cuentas médicas hasta alcanzar los $10.000 de tu póliza, misma situación que aplica a los daños a la propiedad, que se cubrirán hasta llegar al tope de $10.000. Si tus lesiones son graves o si debes responder por el coche Tesla de $75.000 del otro conductor estás obligado a cubrir todos los gastos que pudieran generarse y superen los límites mínimos indicados. Tu seguro de salud, si lo tienes, te ayudará a cubrir tus gastos médicos una vez que ya se haya utilizado el límite de tu PIP, sin embargo, no tienes ningún respaldo para pagar lo correspondiente a daños a la propiedad. El conductor del Tesla puede demandarte por los $65.000 restantes que necesita para reemplazar el automóvil que dañaste.

Los conductores inteligentes cuentan con coberturas que superan los montos mínimos obligatorios según su estado de residencia. Lo que quieren es asegurarse de que si lastiman a alguien o son demandados, sus pólizas cubrirán los gastos de sus defensas legales y obtendrán además el dinero suficiente para pagar lo que corresponda para resolver el caso. Estos conductores son conscientes de que necesitan protegerse por cientos de miles de dólares, porque las personas que manejan vehículos pueden lastimarse unas a otras e incurrir en cifras que ascienden a cientos de miles de dólares y hasta millones de dólares. Todo lo que hace falta es un simple error. Estás conduciendo por la autopista y una abeja entra por la ventanilla abierta, te pica en la oreja y, entonces, terminas embistiendo al camión delante de ti que, a su vez, atropella a tres peatones que cruzaban por la senda peatonal. En consecuencia, ahora estás siendo demandando por $20 millones (loco, pero cierto).

Conducir un automóvil es peligroso. Deberíamos contratar buenos seguros para protegernos. No obstante, la mayoría de las personas no lo hace.

Tipos de seguros de automotor

El seguro de automotor asociado a la cobertura por responsabilidad civil viene en dos sabores básicos. El primero consiste en la típica póliza utilizada en el ámbito comercial por un monto que cubre cualquier pérdida ocasionada en un accidente. Los límites de póliza de este tipo de seguros son generalmente elevados. Por ejemplo: si el límite de póliza es de $1 millón, esto cubriría al propietario del vehículo, a los vehículos y a cualquier persona que haya sido lesionada con dicho vehículo. Esto incluye cualquier lesión física, daños a la propiedad, lucro cesante, gastos médicos o cualquier otra cosa por la cual alguien podría demandarte por una suma de hasta $1 millón. Muchos camiones comerciales tienen pólizas de $2 millones o $5 millones para cubrir cualquier eventualidad. Esto se conoce comúnmente con el nombre de Póliza de Límite Único y Combinado (CSL, *por sus siglas en inglés*). Pero esta no es la clásica póliza con la que nos encontramos en una colisión entre dos conductores.

El segundo sabor, el seguro de responsabilidad civil por lesiones, consiste en una póliza personal por, primero, un monto menor y luego, uno mayor. Por ejemplo, una póliza típica contaría con una cobertura de responsabilidad civil por lesiones corporales de 100/300 ó 50/100 o alguna otra combinación de distintos montos. El primer monto indica cuáles son los límites de tu póliza para cada una de las personas involucradas en tu accidente. El segundo monto corresponde a la cobertura total por todas las personas que resultaron lesionadas en el accidente. Por lo tanto, si el límite de tu póliza por daños corporales es de 100/300, esto significa que tu póliza pagará $100.000 por cada persona lesionada hasta un monto total de $300.000. En el caso de que lesiones a cinco personas, habría que dividir ese monto de $300.000 entre cinco. Si las personas lesionadas fueran solo dos, el monto más alto que cubriría la póliza sería de $200.000.

Siempre digo a mis clientes que el seguro de responsabilidad civil por daños corporales en el rango de 100/300 es el seguro más básico entre los básicos. No deberías contratar menos de ese monto mínimo. En mi opinión y como siempre recomiendo a la mayoría de mis clientes, se debería contratar una póliza de 250/500 o de 300/500 o cualquier otra combinación de límites que ofrezca tu seguro. Algunos seguros manejan montos de 300/500 y otros, de 300/600. Esto depende simplemente de la compañía de seguros de la que se trate.

Seguro paraguas

Los niveles más altos de cobertura te protegen mejor en el supuesto de que hayas sido responsable de causar el accidente. Esa mejor cobertura te permite recurrir a tu compañía de seguros de hogar y pedir una póliza paraguas de responsabilidad civil. Déjame explicarte por qué un seguro de hogar mejorado ayudaría si tuvieras un accidente de automóvil grave.

El seguro de hogar cubre tus pérdidas en caso de incendio, si tu perro muerde a alguien o si un invitado cae en una fosa séptica en tu jardín y te demanda. Una póliza paraguas cubrirá prácticamente cualquier cosa que pueda ser causal de un juicio en tu contra, salvo en el caso de actos intencionales, tales como agresión grave o acoso sexual. Si llegaras a ocasionar un accidente automovilístico grave y los daños exceden tu cobertura de automotor, una póliza paraguas puede ofrecer una cobertura adicional y evitar que termines en bancarrota. Este seguro paraguas es complementario a la póliza de seguro de hogar y debe abonarse por separado. No obstante, para poder calificar para una póliza paraguas en tu seguro de hogar, tu compañía de seguros de hogar te exigirá que contrates un seguro de automotor de alto nivel, por ejemplo, una cobertura por responsabilidad civil por daños corporales de 250/500. Eso es porque la compañía de seguros de hogar no quiere que utilices tu cobertura paraguas para cubrir accidentes automovilísticos, salvo en condiciones extraordinarias. La compañía de seguros de hogar quiere que la compañía de seguros de automotor maneje el 99 por ciento de todos tus reclamos por accidentes de este tipo y la forma de asegurarse de que esto sea así es obligándote a tener un seguro de automotor amplio.

La belleza de una póliza paraguas está en que la cobertura adicional que obtienes es mucho más económica que si fueras a contratar esa cobertura adicional en tu seguro de automotor, o sea, si pagas $1.000 semestrales por tu seguro de automotor con un límite de 250/500, el costo podría duplicarse si deseas incrementar tu cobertura por responsabilidad civil por daños corporales a 500/1.000 ($500.000 por persona y $1 millón por accidente). Pero, si mantienes tu seguro de automotor de 250/500 puedes calificar para obtener una póliza paraguas de hogar de $1 millón, por mucho menos —algo así como $300 por año por una cobertura paraguas de $1 millón. Si deseas una cobertura de seguro mucho mejor, es más económico sumar una póliza paraguas y aumentar tu póliza de seguro de automotor.

Un mejor seguro ofrece muchas ventajas. Un accidente con lesiones puede representar una pérdida de dinero extraordinaria. La gente no se da cuenta de lo rápido que se va el dinero y lo abrumadores que pueden ser los gastos en los que se incurre.

La mayoría de las personas cree que $100.000 representan una gran cantidad de dinero, un monto que puede cambiar para siempre la vida de muchas personas. Sin embargo, no resulta un monto tan elevado en un caso de lesiones en el que una sola cirugía puede costar $150.000, a lo que debes sumar el costo de terapia, las futuras cirugías, cuentas del hospital, recetas, costas legales y el lucro cesante. Todo esto puede incrementar todavía más los otros gastos que ya, de por sí, eran bastante agobiantes.

Si tu cobertura es por el mínimo básico de $100.000 por persona y $300.000 por accidente, y eres culpable de un accidente de automóvil grave, podrías terminar con una enorme deuda legal como una espada pendiendo sobre tu cabeza. Lo peor es que la única solución posible será que te declares en quiebra.

Conductores sin seguro

Además de protegerte a ti mismo cuando causas un accidente, también tienes que protegerte en los casos en que un conductor ocasione un accidente y no tenga seguro suficiente para cubrir los daños que te ocasionó. Este tipo de cobertura se denomina seguro contra Conductores Sin Seguro (UM, *por sus siglas en inglés*) o seguro contra Conductores Sin Seguro Suficiente (UIM, *por sus siglas en inglés*). Esta es la otra cara de la moneda en términos de seguros por lesiones corporales.

La mayoría de los estados exige que contrates primero un seguro de Responsabilidad Civil por Lesiones Corporales (BI, *por sus siglas en inglés*) antes de permitirte obtener una cobertura UM/UIM. Recién entonces puedes solicitar a tu agente de seguros que agregue a tu póliza una cobertura UM/UIM. Cuando ya tienes tu seguro BI y tu cobertura UM/UIM, entonces puedes llamar a tu agente de seguro de hogar y pedirle que sume un seguro UM/UIM, además de la póliza paraguas, si decides tenerla.

Cada estado se rige de forma distinta respecto de las coberturas UM y UIM. En algunos estados, estas coberturas pueden ser acumulables y, por ende, vale la pena adquirirlas junto a otras coberturas. Ciertos estados indican que las pólizas UM/UIM se apliquen únicamente por encima de lo que la otra parte tiene. Otros, establecen que la cobertura UM/UIM debe utilizarse en lugar de lo que la otra parte tiene asegurado. Mi estado, Florida, lo hace muy simple. La cobertura UM y la UIM son una y la misma, lo que significa que no importa si el otro conductor no tiene seguro o no tiene seguro suficiente. Ambos seguros, el UM y el UIM, son simplemente un complemento para cualquier monto que el demandado tenga como cobertura total. Si un conductor culpable tiene un límite de $10.000 para su seguro BI, y mi cliente tiene un máximo de $100.000 en cobertura UM/UIM, entonces la cobertura total, en este caso, sería de $110.000. En Florida, cualquier daño que sufras por un monto superior a la cobertura BI de $10.000 del conductor responsable del accidente será cubierto por tu seguro UM/UIM.

La cobertura UM/UIM es confusa y tramposa a la vez. Por ejemplo, en Florida, si llegas a un acuerdo en un caso de seguro BI contra un conductor culpable, primero debes avisar a tu compañía de seguros UM/UIM. Si no le informas a la compañía que usarás el dinero del seguro BI que has contratado, puedes llegar a perder tus derechos sobre el dinero de tus seguros UM/UIM. Un castigo muy duro por desconocer las reglas. Tu compañía de seguros UM/UIM tiene esta potestad porque, en Florida, estas aseguradoras pueden demandar a la persona que causó los daños que tu proveedora de seguros UM/UIM ha tenido que pagarte. Esta aseguradora puede iniciar juicio contra el demandado para recuperar ese dinero. Aunque, generalmente, esto no ocurre. Comúnmente, una vez que el demandante informa a la aseguradora de UM/UIM que la compañía de seguros BI está ofreciendo los límites de la póliza, la primera renunciará a sus derechos y dejará que la compañía de seguros BI pague directamente al demandante. De todas maneras debes preguntar, porque algunas veces la aseguradora UM/UIM sabe que el demandado tiene mucho dinero y que puede cobrarle a él. En esos casos, la compañía de seguros UM/UIM te dará el dinero de compensación del seguro BI, y luego irá a juicio contra el demandado para recuperarlo. Asimismo, demandará también al demandado por cualquier otro monto que deba pagar en relación con tu cobertura UM/UIM. Ahora puedes entender por qué digo que estas empresas son tramposas.

A pesar de esto, igual sigue siendo siempre mejor contar con un seguro UM/UIM. Cuando llames a tu agente de seguro de hogar por tu póliza paraguas, pídele que agregue también una cláusula UIM o UM a tu póliza de seguro de hogar. Con esta cláusula, no sólo estarás cubierto por tu seguro BI por $250.000, sino que también contarás con la póliza paraguas por $1 millón que contrataste y puedes usar con el resto del mundo.

Contratar el seguro correcto

El seguro de automotor es un hecho fundamental en la vida de la mayoría de las personas. Incluso si nunca tienes un accidente o presentas un reclamo es esencial que contrates el seguro adecuado. Tener la póliza correcta te dará cierta paz mental y, al menos, algún tipo de certeza de que si tienes un accidente no terminarás teniendo que pedir tu propia quiebra.

¿Cuáles son los componentes básicos de un seguro y en qué medida necesitas asegurarte? Sigamos con un breve resumen.

Protección contra lesiones personales

Cuando estés por contratar un seguro, lo primero que debes hacer es averiguar cuáles son los requisitos mínimos de tu estado. Por ejemplo, algunos estados exigen que cuentes con un seguro que te ayude a pagar las cuentas médicas que pudieran resultar de un accidente, sea éste tu responsabilidad o no. Esta cobertura se denomina Protección contra Lesiones Personales (PIP, *por sus siglas en inglés*). Los estados que exigen esta protección son doce, pero el nivel requerido varía según el estado en cuestión.

El seguro PIP también se conoce como seguro sin culpabilidad, porque los montos de compensación no se determinan según la responsabilidad de ninguna de las partes. Aun cuando no sea tu culpa, tu seguro PIP puede emplearse para cubrir tus gastos médicos y lucro cesante, así como también los de tus pasajeros. En el caso de que tu estado no requiera que tengas un seguro PIP, tal vez deberías considerarlo de todos modos si tu seguro de salud es limitado. En esa misma línea, si cuentas con un muy buen seguro de salud, entonces un seguro PIP no sería ya tan esencial. Algunos estados no tienen cobertura PIP. Aunque quisieras contratarla voluntariamente, no es una opción. En estos casos, recomiendo contratar el seguro por gastos médicos adicionales.

El seguro PIP puede cubrir cualquier gasto hasta alcanzar el límite de póliza, lo que va desde tratamientos médicos o quirúrgicos, hasta gastos de ambulancia y rehabilitación. El PIP, al igual que todos los componentes del seguro de automotor, varía respecto de sus beneficios y cobertura según el estado en el que residas. En Florida, por ejemplo, el seguro PIP cubre 80 por ciento de tus cuentas médicas y 60 por ciento de tu lucro cesante, hasta un máximo de $10.000.

Incluso en esos doce estados en los que se exige el seguro PIP, el costo varía ampliamente. En Florida, la prima promedio cuesta alrededor de $200 mensuales, mientras que en Dakota del Norte, $45. Michigan representa un caso atípico, con primas de PIP de alrededor de $628 por mes; esto es así porque hasta hace poco el estado exigía a los conductores contratar un seguro PIP ilimitado. Cualquier persona en Michigan que resulte lesionada puede esperar obtener beneficios dentro de un rango muy amplio, lo que puede incluir desde internaciones domiciliarias, hasta tratamientos médicos especializados. En los últimos tiempos, el estado ha reducido su mínimo establecido para coberturas PIP en un esfuerzo por disminuir los valores de las pólizas de seguros de automotor: las más caras de la nación. Por ejemplo, si recibes asistencia médica gratuita o de bajo costo (Medicaid) puedes reducir tu cobertura PIP a $50.000. Si este es tu caso y tu seguro de salud cubre lesiones por accidentes automovilísticos, puedes incluso optar directamente por no contratar el seguro PIP.

Responsabilidad civil por lesiones corporales

Tal como mencionamos anteriormente, la Responsabilidad Civil por Lesiones Corporales (BI o BIL, *por sus siglas en inglés*) es el elemento más importante y oneroso de tu póliza de seguro de automotor. Cubre los gastos médicos de las personas que hayan resultado lesionadas en un accidente que tú causaste. No cubre tus propias lesiones o gastos, pero puede ayudar en el caso de un accidente particularmente grave.

El seguro BIL también garantiza que cuentes con un abogado para defenderte. Realmente vale la pena lograr un acuerdo en un caso así, por una persona o un grupo de personas. Recomiendo enfáticamente contratar una póliza BI por un mínimo de 100/300, lo que representa $100.000 por persona y $300.000 por incidente.

A veces los límites de póliza de responsabilidad civil vienen enumerados en tres montos: 30/60/15. Cuando te encuentres con algo así, el tercer número representa el límite de tu cobertura por daños a la propiedad, incluidos automóviles, edificios u otras pérdidas que no involucren a personas. Otras veces, las pólizas enumeran la responsabilidad por daños a la propiedad como un componente separado.

Algunos estados no requieren contratar un seguro BI, por ende, muchas personas no cuentan con uno. Se trata de un riesgo calculado. La gente piensa que si causa un accidente, la otra persona involucrada no podrá exigirle dinero, ya que no lo tiene y, además, conducen un viejo auto destartalado. En Florida esa apuesta es una buena apuesta. No es fácil cobrarle a ninguna persona sin seguro suficiente. Las leyes que aplican a los casos de deudores en Florida protegen a las personas que deben dinero. No tener seguro, cuando eres un incobrable, no resulta una opción tan tremenda. Por supuesto, si tu seguro es insuficiente y resultas herido por alguien que está en tu misma situación respecto de su seguro, entonces ni tú ni la otra persona tendrán ningún tipo de suerte.

En los estados en los que el seguro BIL es obligatorio, el nivel de cobertura cambia. Luisiana requiere una cobertura BIL de $15.000 por persona, mientras que en Maine debes contratar una de $50.000. Florida no exige ningún tipo de seguro BIL, como tampoco lo hace el estado de Nueva Jersey. La mayoría de los estados en los que el seguro BIL es mandatorio el nivel de cobertura mínima es de $25.000.

Esos niveles mínimos son insuficientes para cubrir los daños ocasionados en muchos accidentes. Si eres propietario de una casa, tienes ahorros o cuentas con otros activos que pudieran ser exigidos en un juicio, no te servirá contratar un seguro BIL de $25.000. Si causas un accidente y alguien resulta seriamente lesionado, los gastos superarán rápidamente ese límite de póliza y la persona a la que heriste podría iniciarte juicio para recuperar los gastos en los que incurrió, gracias a que tú eres un mal conductor.

Tal como ya dije, el mejor camino a seguir es contratar una cobertura BIL lo suficientemente alta como para calificar y obtener una póliza paraguas de tu compañía de seguros de hogar. Esa póliza paraguas te cubre sin importar dónde tenga lugar el accidente —en tu casa, tu bote, tu automóvil— pero no puedes obtener una si no tienes un nivel mínimo de seguro de hogar y la cobertura BIL. La póliza de automotor de tu seguro BIL debe ser de 250.000/500.000 para que tu compañía de seguros te permita agregar una póliza paraguas. La cobertura paraguas es barata, yo pago $50 mensuales por una cobertura adicional de $4 millones.

Responsabilidad civil por daños a la propiedad

Esta cobertura que hemos mencionamos ya en este mismo capítulo, te protege si llegaras a dañar la propiedad de otra persona.

Hoy en día, las calles están atestadas de automóviles extremadamente costosos, por eso, recomiendo a todos adquirir una cobertura por daños a la propiedad de alrededor de $50.000. El costo de subir de nivel de $10.000 a $50.000 no es tan alto; incluso $50.000 no suena como una gran suma si tenemos en cuenta que el precio actual de un camión básico está por encima de $50.000. De todas formas, no serán los daños a la propiedad lo que pueda terminar hundiendo tu barco financiero. Las lesiones y daños ocasionados a terceros es lo que realmente puede arruinarte. En los casos que he visto, cincuenta mil dólares terminan siendo, por lo general, un monto insuficiente.

Respecto del seguro extendido y contra choques, adquiere el de menor precio que te ofrezca tu agente. Yo aconsejo un deducible de $500. Será más caro que un deducible de $1.000, pero no por mucho. Un deducible de entre $1.000 o $2.000 también está bien, pero siento que el ahorro en la prima no será suficiente para que valga la pena tener que pagar con tu propio dinero si efectivamente terminas estrellando tu automóvil.

Conductores sin seguro o sin seguro suficiente

Si bien todos los estados, salvo New Hampshire (Vive Libre o Muere) (*Live Free or Die*), requieren a los conductores contratar algún monto de seguro de automotor, el Instituto de Información sobre Seguros indica que alrededor del 13 por ciento de los conductores no tienen ningún tipo de seguro. Algunas personas no consideran importante tenerlo, mientras que otras no tienen una póliza porque no pueden pagarla. Por lo general, este es el caso de los conductores que deben pagar tasas de seguro astronómicas porque tienen un historial pésimo como conductores, precisamente el tipo de persona que debería tener un seguro.

Los estados han luchado por poner fin a la cuestión de los conductores sin seguro, algunos persiguiéndolos de formas muy novedosas; otros, aplicando penas a los conductores sin seguro cuando los atrapan —las multas pueden llegar a montos de hasta $5.000. Algunos conductores pueden terminar con sus licencias revocadas o sus autos incautados, otros, incluso, hasta podrían ir a la cárcel.

Hay estados que van contra los conductores sin seguro con leyes del tipo "no pagas, no juegas" ("*no pay, no play*"), que prohíben a los conductores sin seguro demandar por dolor y sufrimiento si son lesionados en un accidente causado por otra persona. En Missouri rige esta ley, aunque ese estado permitirá a un conductor sin seguro demandar a un conductor culpable si éste manejaba bajo la influencia del alcohol o de estupefacientes, o si fue condenado por homicidio culposo o asesinato en segundo grado. California y Michigan también limitan los derechos de los conductores sin seguro a entablar demandas. Si existe un cargo de homicidio culposo, no creas que podrías manejarlo por tu cuenta. Esta es claramente una situación en donde lo mejor es contratar representación legal.

En todo caso, la cantidad de conductores sin seguro sigue siendo muy alta y la mejor solución, hasta ahora, ha sido poner la carga en los conductores responsables al exigirles que contraten un seguro de Conductor Sin Seguro (UM, *por sus siglas en inglés*). Veintidós estados establecen la obligación de tener una cobertura para conductores sin seguro, mientras que catorce exigen una cobertura para Conductores Sin Seguro Suficiente (UIM, *por sus siglas en inglés*). La cobertura UM compensa a los titulares de póliza en los casos en que el conductor culpable no tenga seguro de responsabilidad civil o haya huido de la escena del accidente sin ser identificado. El seguro UIM cubre a los conductores cuando el culpable no tiene seguro suficiente para responder adecuadamente por los daños que ha ocasionado.

El seguro UM ofrece cobertura solo si resultas lesionado en el accidente, mientras que tu seguro extendido y contra choques cubrirá tu automóvil, y otros daños a la propiedad. En algunos estados, los agentes de seguro ofrecen el seguro extendido y contra choques y el UIM para daños a la propiedad. Si mi póliza cuenta con ambas coberturas, le preguntaría a mi agente cuál es la diferencia y si este tipo de cobertura no resulta en cierto modo redundante.

¿Cuál debería ser el alcance de tu cobertura UIM? Ya sabes cuánto me gustan las pólizas paraguas, pero si tienes un presupuesto ajustado y necesitas contratar un seguro de automotor los más económico posible, yo recomiendo a mis clientes contratar el mismo nivel de seguro UM/UIM que el del seguro BIL. Tu salud es tan importante como la salud del otro conductor, ¿verdad? Otros factores a considerar son el máximo exigido por tu estado y con qué otros medios podrías contar para pagar tus cuentas médicas si sufres un accidente. Si tu estado exige un seguro PIP, éste cubrirá tus facturas médicas hasta cierto límite, pero si resultaras gravemente lesionado en un accidente en el que te atropellan y huyen, contar con una cobertura UM amplia sería una fortuna para ti.

Lo que pagarás por tu seguro

Las compañías de seguros utilizan lo que se conoce como calificación de seguro para determinar cuánto deberás pagar por tu póliza. Una calificación de seguro consiste esencialmente en una predicción realizada por una computadora sobre cuán probable es que tú presentes un reclamo para cobrar tu seguro. Es muy parecido a tu calificación crediticia. La calificación de seguro tiene en cuenta el monto de tu deuda, la extensión de tu historial crediticio, tu historial de pagos, el monto de tu crédito de renovación automática que tienes contra el monto de crédito en forma de préstamos, cuánto crédito tienes disponible y los balances mensuales de tus cuentas.

Irónicamente, tu calificación de seguro no tiene en cuenta tus ingresos, por lo que puedes ser perjudicado al verte obligado a sacar un enorme préstamo, sin importar que con tus ingresos te alcanzaría para cubrir fácilmente los pagos de las primas.

Las calificaciones de seguro son parte de un proceso oscuro que varía según la compañía, pero la industria de seguros las respalda porque considera que existe una fuerte correlación entre tu calificación crediticia y tus reclamos de seguro. Supongo que una forma de interpretarlo es que las personas con poco crédito son más propensas a presentar mayor cantidad de reclamos, ya que no tienen el dinero necesario para realizar reparaciones en sus vehículos dañados. Es casi imposible calificar para la tasa más baja que ofrece una compañía de seguros. Según Investopedia, puedes tener una calificación crediticia en el rango más alto de los 700, tu propio hogar, no tener saldos pendientes en tus tarjetas de crédito y, aun así, no calificar para una tasa baja.

He aquí otra ironía: puedes tener un historial de conducir impecable e, incluso así, terminar pagando más que otra persona con un historial no tan bueno si tu calificación crediticia es menor que la del otro conductor. Otros factores que afectan las tasas de seguros son tu edad, dónde vives, el tipo de auto que conduces, tu historial como conductor y tu grupo étnico. La tasa que pagas es innegociable; si no te gusta el precio, probablemente te manden a hablar con *Geico*. La única manera de evitar pagar tasas altas es tener un historial de conducción excelente, una gran calificación crediticia e hijos que se desplacen en bicicleta hasta cerca de los treinta años. Esto se debe a que es más probable que la gente joven se vea involucrada en una colisión, al comparar con conductores más experimentados. Los daños relacionados con ese choque serán abonados por la persona que conducía y por el propietario del automóvil. Más aun, en algunos estados hasta es posible demandar a los padres. En Florida, por ejemplo, cualquier persona menor de dieciocho años debe pedir a uno de sus progenitores, o a su tutor legal, que firme un permiso en el que indique que se hará responsable por cualquier eventualidad que el menor cause con un automóvil. Así, si tu hijo o hija pide prestado el auto a tu vecino y lo choca, el progenitor que firmó la solicitud de permiso del estado es personalmente responsable por los daños ocasionados. Otros estados cuentan con leyes similares. Los seguros son onerosos para los conductores jóvenes, y los padres deben pagar por él o requerir a sus hijos que esperen a cumplir los dieciocho años para sacar sus licencias de conducir. Llegado ese momento pueden manejar sus propios vehículos y contratar sus propios seguros.

Además de las tasas que cobran, existen otras formas de evaluar qué compañía de seguros te conviene contratar. Hay muchos sistemas diferentes de calificación, incluidos los de *Moody* y *Consumer Reports*. Lo que tienes que buscar son compañías con calificaciones altas en cosas tales como, atención al cliente, facilidad de procedimientos, velocidad de acción y acuerdos con empresas de alquiler de automóviles. Por ejemplo, algunas empresas tienen un trato con *Enterprise* que permite a aquellos de sus clientes que necesiten un auto mientras reparan el suyo, manejarse directamente con la agencia de alquiler con un número de reclamo. La agencia le prestará un automóvil sin cargo alguno. Ese costo simplemente se traslada como parte de tu reclamo. Ese tipo de cosas son las que facilitan la elección de una compañía de seguros de automotor. Aunque, la verdadera pregunta que la mayoría de los consumidores debería hacerse es: ¿Cuál es la que más conviene? ¿Cuál de ellas es justa con sus clientes? Al considerar este tipo de factores, la lista de potenciales compañías de seguro se reduce abruptamente. ¿La aseguradora *The Good Hands People*? Te tendrá a los cachetazos de aquí para allá con esas manos. ¿La inteligente *Gecko*? Es un encanto en TV, pero una verdadera lagartija en cuanto a sus ajustadores de seguros. Sin embargo, existen algunas buenas empresas. Mi experiencia con *Chubb Insurance*, fuera de Nueva York, es excepcional. La empresa *Farmers* y su jingle publicitario "We are Farmers dum de dum dum dum!" es una buena empresa, aunque solía ser mejor cuando era más chica. *USAA* es otra buena aseguradora la mayoría de las veces. He conocido a muchos ajustadores de *State Farm* y todos ellos siempre fueron bastante buenos con las tasaciones de reclamos de sus clientes.

Para darte una idea de lo enorme que son estas compañías de seguros y cuánto dinero ganan, considera lo que ocurrió en 1992. Ese fue el año en que el Huracán Andrew azotó Bahamas, Florida y Luisiana; el Huracán Iniki destrozó Hawái; y los agricultores en el Medio Oeste fueron aniquilados por las grandes inundaciones. Los reclamos de seguros por estos desastres naturales fueron astronómicos. Sólo el huracán Andrew causó casi $30.000 millones en daños. No obstante, *State Farm* terminó ese desastroso año habiendo generado importantes ganancias. En lo que tendría que haber sido el peor año en el marco de desastres naturales de su historia, creo que *State Farm* logró ganar cerca de un tercio de cien mil millones de dólares. Según un comunicado de prensa de la empresa, el grupo *State Farm* cerró el ejercicio económico 2019 con un patrimonio neto de $100.900 millones.

Sí, leíste bien.

Patrimonio neto: MÁS DE CIEN MIL MILLONES DE DÓLARES.

Eso solo te da una idea de la cantidad de dinero que estas compañías recaudan.

Coordinación entre seguros diferentes

Cada estado tiene un esquema en el que establece cuáles pólizas de seguro paga antes y cuáles pólizas, después. En casi todos los estados, primero se pagan los seguros de compensación para trabajadores. Si resultas lesionado en un accidente en tu lugar de trabajo, incluso si estabas conduciendo hacia tu lugar de trabajo, tu seguro de compensación para trabajadores debería cubrir tus pérdidas. Deberás ir con tu supervisor e informarle del accidente y la lesión sufrida para iniciar el proceso correspondiente.

En nuestro estudio jurídico manejamos casos de compensación para trabajadores, ¡pero ese es el tema de otro libro! Si no estás trabajando, entonces este tipo de seguro no aplica. Tu seguro de automotor es el principal, o primero, de los seguros que pagará por tus gastos médicos. Según lo descripto anteriormente, el seguro PIP es el primero que se paga de entre todos los seguros, salvo por el seguro de compensación para trabajadores. Pero, la cobertura PIP es limitada; extinguido el monto cubierto por este seguro, necesitarás utilizar el siguiente seguro para cubrir todas esas facturas médicas pendientes. En la mayoría de los casos, ese segundo seguro es el seguro de salud. Sin embargo, algunos conductores —yo soy uno de ellos— contamos con una póliza adicional opcional para pagar por nuestros gastos médicos denominada cobertura por gastos médicos (MedPay) y constituye un seguro adicional a la póliza del seguro de automotor.

MedPay se ocupa de las cuentas y los gastos médicos una vez alcanzado el límite del seguro PIP y, además, cubre también cualquier deducible de la cobertura PIP. En algunos estados, MedPay es obligatoria, aunque en la mayoría es opcional. El siguiente nivel de protección es tu seguro de salud. Este pagará tus gastos cuando ya hayas utilizado todos los montos cubiertos por la compensación para trabajadores, el PIP y MedPay. El último nivel de seguros está compuesto por los seguros otorgados por el gobierno, como el seguro de asistencia médica Medicare o Medicaid.

Legalmente es obligatorio recurrir a la compensación para trabajadores si el accidente tuvo lugar mientras trabajabas. El problema con este tipo de seguro es que genera una desventaja respecto de tu caso por lesiones personales. Los médicos de los seguros de compensación para trabajadores cobran sus sueldos de las empresas que brindan este tipo de seguros y se encargarán de minimizar tu situación más que cualquier otro tipo de médico, porque su meta es restar seriedad a la lesión y hacer que vuelvas al trabajo lo antes posible. Cuando te lesionas en un accidente del tipo de los cubiertos por la compensación para trabajadores, tu empleador tiene el derecho de enviarte a consultar al médico, o ir a la clínica, con que tiene contrato. Tu empleador los contrata para evaluar a sus trabajadores lesionados. Estos médicos comprenden que cuanto antes logren que el empleado vuelva al trabajo, más contento estará el empleador y más probable será que le siga enviando gente. En consecuencia, es común que estos médicos terminen siempre mandando a los empleados de regreso a sus trabajos, aunque haya perdido un brazo o tenga una hernia de disco aguda en el cuello u otro tipo de lesión grave. Los médicos que se encargan de las compensaciones para trabajadores nunca van a estar de tu lado en un caso y, además, pueden perjudicar mucho tu futuro reclamo privado contra el conductor responsable del accidente.

No estoy tratando de decir con esto que el seguro de compensación para trabajadores no sea un gran beneficio. Puede ser grandioso si resultas gravemente herido en un accidente y el conductor culpable tiene un seguro muy limitado y la víctima también tiene una cobertura por poco dinero.

Si el seguro del otro conductor no es sustancial y tú necesitas una cirugía de columna, estarás agradecido de recibir la compensación para trabajadores, ya que esta cubrirá la totalidad (100%) de los costos de la cirugía y la rehabilitación.

No obstante, si la cobertura del seguro es sólida —si el seguro PIP es bueno, si el seguro BIL del otro conductor es bueno o si su cobertura de conductor sin seguro es buena— entonces tu mejor opción es comenzar con la compensación para trabajadores y avanzar rápidamente. Haz que te paguen las primeras visitas al médico y el tratamiento, y luego pasa a manejar tu caso por lesiones personales. Siempre te irá mejor en un caso por lesiones personales que en un caso por compensación para trabajadores porque, en este último, no te darán nada en concepto de indemnización por tu dolor y sufrimiento. Este seguro solo cubre los gastos médicos y el lucro cesante.

Una manera de lidiar con una situación así sería acudir a tu aseguradora de compensación para trabajadores y pedirle que resuelva el caso en las instancias preliminares, te pague por anticipado y renuncie a su derecho a recuperar cualquier monto que pudiera resultar de un caso por lesiones personales en el futuro.

Por ejemplo, la proveedora de seguros de compensación podría preguntarte cuánto consideras que vale tu caso. Si necesitas entre $30.000 o $40.000 para la cirugía, $5.000 para terapia física, y $1.000 para cubrir medicamentos, puedes decirle a la proveedora que consideras que tu caso vale $46.000, pero que aceptarás $25.000 y renunciarás a tu derecho a cirugía en el futuro. Seguramente la compañía acepte una oferta como esa y ahora tú eres libre para comenzar a cobrar tu seguro PIP y decirle a la compañía del conductor responsable del accidente que iniciarás un reclamo de seguro BIL en su contra. En esta instancia, ya puedes ir al médico que desees y para que te indique el tratamiento que necesitas.

Evidentemente todo esto es complejo, por ende, la única oportunidad en la que te recomendaremos que intentes hacerte cargo tu solo de resolver la situación será en los casos en los que no te encuentres seriamente lesionado/a. Si tienes una lesión que requiere de una intervención o coordinación médica importante, busca representación legal para maximizar el valor de la combinación de seguros. Cuando los daños ocasionados exijan que tú coordines la cobertura de compensación para trabajadores, la cobertura de tu seguro de automotor, el seguro de salud y, posiblemente, otros beneficios —cuidados a largo plazo, ingresos por discapacidad, la Seguridad Social por Discapacidad (SSD, *por sus siglas en inglés*) o Seguridad de Ingreso Suplementario (SSI, *por sus siglas en inglés*)— consigue un abogado. Las mejores firmas ofrecen todos estos servicios coordinados sobre una base de contingencia. Aprovéchalo y obtén el máximo de tu paquete de beneficios.

Cuando una compañía de seguros demuestra mala fe

Las compañías de seguros tienen la obligación legal de proteger a sus clientes y evitar que estos sean demandados o deban pagar deudas. Contratas un seguro porque no quieres verte involucrado en un juicio, sino al contrario, buscas evitarlo. Pero a veces, las compañías de seguros negocian de manera tal que, al final, terminan perjudicando a sus clientes. En determinadas circunstancias puedes cambiar de opinión y demandar a la compañía de seguros por mala fe.

El escenario sería más o menos así: supongamos que causas un accidente en el que el otro conductor resulta seriamente lesionado. Tu compañía de seguros está obligada a garantizar que estés protegido contra una causa judicial. Si te demandan, la aseguradora tiene que contratar a un abogado y pagar por tu defensa.

Pero en este escenario, cuando el conductor lesionado inicia la demanda, tu compañía de seguros básicamente le dice al conductor que se vaya al infierno. Aunque los gastos médicos del conductor lesionado sean bastante onerosos, tu compañía rechaza la solicitud del demandante de pagar el límite total de tu póliza BIL de $100.000. La oferta que hará será por un monto muy inferior.

En respuesta, el demandante contrata a un abogado feroz, quien también demanda el pago del límite de tu póliza y explica la sobrada lógica que respalda la obtención de dicho pago. "Ofrece los límites de la póliza y podemos poner fin a todo esto", dice el abogado. Pero tu compañía de seguros rechaza nuevamente su pedido, aunque la decisión razonable sea claramente pagar los límites de la póliza y resolver el caso.

Por el contrario, el caso se estira durante dos años de presentación de pruebas y audiencias judiciales hasta que la compañía de seguros cede y ofrece pagar el límite de la póliza de $100.000. Ahora es el turno del despiadado abogado de jugar duro. Le dice a la compañía que ya no quiere los $100.000; quiere más —mucho más— e informa que probará su suerte con el jurado.

El abogado entabla una demanda por $1 millón y gana. La compañía de seguros está obligada solamente por la suma de $100.000, pero tú —el cliente a quien prometió proteger— te enfrentas a una sentencia por el pago de los $900.000 restantes. No tienes esa cantidad de dinero. Tu única opción es declararte en quiebra.

Aunque sí existe una mejor solución: puedes demandar a tu propia compañía de seguros por no cumplir con su deber de protegerte cuando no solo podría haber llegado a un acuerdo, sino que debería haberlo hecho: lo que habría ocurrido si realmente hubiera evaluado el caso en tu contra de manera adecuada y oportuna.

Así las cosas. Una vez cerrado el caso, descubres que el belicoso abogado intentó en varias oportunidades llegar a un acuerdo por $100.000 y que tu compañía de seguros podría haber, y debería haber, aceptado, mas no lo hizo. El agresivo abogado ahora te invita a unirte a su causa. Te recomienda iniciar una causa contra tu propia compañía de seguros en un "juicio por mala fe" y, así, cobrar los $900.000 que le debes al demandante, resolver el caso en tu contra y evitar tener que declararte en quiebra.

Existen dos tipos de casos de mala fe: mala fe de un tercero, que es cuando tu compañía de seguros te está defendiendo contra un tercero que no está relacionado con tu póliza y mala fe de la aseguradora, que es cuando tú presentas a tu compañía de seguros un reclamo legítimo y ésta te dice que te vayas a freír espárragos. Supongamos que resultas seriamente lesionado por un conductor sin seguro y tu compañía de seguros se rehúsa a ofrecer los fondos adecuados de tu propia cobertura de conductor sin seguro suficiente.

En Florida antes de poder iniciar una demanda por mala fe contra una compañía de seguros, primero debes darle la oportunidad a la compañía de llegar a un acuerdo y resolver el caso. Florida cuenta con un documento especial llamado Notificación de Recurso Civil (CRN, *por sus siglas en inglés*), que constituye un documento obligatorio de dicho estado y detalla el motivo por el cual piensas que tu compañía de seguros ha actuado mal. Debes presentar la CRN y explicar las razones por las cuales tu compañía está equivocada antes de considerar un juicio por mala fe. Una CRN le da a la aseguradora la oportunidad de corregir sus acciones. Por lo general nunca corrigen nada, pero igual debes superar este obstáculo antes de seguir avanzando. Los juicios por mala fe son bastante infrecuentes, aunque no es raro que las compañías de seguros se perjudiquen a sí mismas embarrándose en casos del tipo que acabo de describir. Un buen ejemplo sería la situación que mencioné en el capítulo 2, en la que un motociclista debía $1 millón en facturas médicas después de haber sido embestido por otro conductor que tenía un seguro BIL con un límite de $100.000. Contactamos a la compañía de seguros del conductor responsable del accidente, le dijimos que este era un caso importante y ofrecimos entregar todo tipo de información que fuera necesaria. Sin embargo, su respuesta fue simplemente un silencio de radio.

Cuatro meses después, fuimos a juicio. La compañía de seguros tenía la obligación legal de investigar este caso y no lo hizo. Se celebró una mediación y las compañías ofrecieron pagar un monto de $500.000 pero, como dije, mi cliente ya debía $1 millón, por lo tanto, no aceptamos la oferta. Si vamos a juicio, pediré para mi cliente un monto que supere las siete cifras.

¿Cuándo puedes demandar?

El concepto de estado sin culpabilidad no se relaciona con si puedes o no demandar a un sujeto que te embistió. Una póliza sin culpabilidad solo significa que tu compañía de seguros no tiene en cuenta de quién fue la culpa al momento de determinar el monto que debe pagarte. Los seguros de salud son un buen ejemplo. Si te lastimas un dedo por tu propia negligencia —por ejemplo, se te cae una herramienta pesada en el dedo y lo fractura— tu compañía de seguro de salud pagará por tu accidente, aunque haya sido tu culpa. A la compañía de seguros no le interesa de quién es la culpa: tú eres el titular de la póliza, necesitas atención médica para tu dedo, entonces, la aseguradora va a pagarte lo que corresponda según la póliza que hayas contratado. Eso es lo que significa sin culpabilidad.

El seguro de compensación para trabajadores funciona de igual manera. Si te tropiezas tu mismo y te rompes el hueso de la rodilla en el trabajo, este seguro pagará por tu tratamiento. No importa si eres torpe o si te lastimaste solo: ocurrió en el trabajo.

En el reino de los accidentes automovilísticos, el seguro sin culpabilidad nace en algunos estados en un intento por aliviar la carga al sistema judicial, al exigir a las personas contratar seguros y cubrirse a fin de evitar generar deudas significativas por cuentas médicas o lucro cesante ocasionados en accidentes no muy relevantes. El seguro de automotor "sin culpabilidad" es un esquema ingeniado como respuesta, que consiste en la cobertura PIP (Protección contra Lesiones Personales) de la que ya hemos hablado. No importa de quién es la culpa, tu PIP pagará todas tus cuentas médicas y, a veces, incluso el lucro cesante hasta el monto límite de la cobertura, independientemente de quién fue responsable por el accidente. La idea aquí es que si el seguro PIP cubre los gastos médicos no muy cuantiosos relacionados con el accidente, nadie tendrá necesidad de iniciar ningún juicio.

En la mayoría de estos casos no tan graves, un demandante no puede litigar por futuros dolores y sufrimiento en virtud de un seguro sin culpabilidad, como el seguro PIP. En muchos accidentes, los daños económicos son claros y fáciles de establecer. En los estados que aplican la categoría de seguros sin culpabilidad, debes alcanzar un determinado umbral monetario por daños económicos antes de poder iniciar una demanda por futuros daños y sufrimiento. En otros estados con cobertura PIP, existe un "umbral verbal", lo que significa que un profesional médico debe incluir en tu historia clínica prueba, por escrito, de que la lesión es "permanente dentro de un grado razonable de probabilidades médicas" o que existen "cicatrices importantes o desfiguramiento", o que incluye una "significativa pérdida de alguna función corporal importante", o "muerte". El "umbral verbal" usa las historias clínicas para diferenciar las lesiones permanentes realmente graves de las lesiones temporarias de tejido blando. El razonamiento detrás de esto es que en los casos menores no existirá ningún daño a futuro. Te curarás. No existe daño permanente que justifique tu necesidad de compensación por ningún dolor ni sufrimiento en el futuro.

De entre los doce estados de la nación que aplican el concepto de sin culpabilidad, cinco o seis han establecido estos umbrales monetarios. La idea es que no puedes iniciar un juicio por dolor y sufrimiento, salvo que tus gastos médicos asciendan a por lo menos $2.000. Alcanzado ese umbral, la lógica que sigue es que este monto evidencia que has recibido una importante cantidad de tratamientos y que probablemente vayas a necesitar más tratamientos en el futuro. El umbral real viene, también, en una variedad de sabores —de $2.500 o $5.000, por ejemplo.

El resto de los estados consideran este enfoque una locura. Señalan que un minuto de tratamiento en el hospital te permitirá alcanzar ese umbral. Te pueden llevar al hospital en ambulancia para ponerte una bandita adhesiva y decirte que regreses a casa y, ya con eso, alcanzaste el umbral. Estos estados plantean la necesidad de dificultar más la posibilidad de iniciar una demanda y, además, que esta mayor exigencia debería incluir la interpretación médica de tu lesión.

Así fue como surgió lo del umbral verbal. Solo un profesional médico puede inspeccionar una lesión y decir: "Considero que esta lesión es permanente y que no sanará con el correr del tiempo, y creo también que estaré en lo cierto más del 50 por ciento de las veces". Ese es el grado razonable de probabilidad médica.

Si no alcanzas el umbral, igual puedes iniciar una demanda por las cuentas médicas pasadas asociadas con el accidente y no cubiertas por tu seguro PIP o por la compensación para trabajadores. Pero en el momento en que hagas eso, puede ser que debas dejar de recibir tratamiento para tus lesiones porque ahora esas cuentas futuras no van a poder ser reembolsadas, ya que no tienes ninguna lesión permanente dentro del grado razonable de probabilidad médica.

Para complicar todavía más las cosas, algunas leyes estatales de compensación para trabajadores incluyen guías que los doctores deben seguir al momento de tener que determinar si alguien tiene una lesión permanente. Indica a los médicos lo que deben observar para declarar que una lesión es permanente dentro del grado razonable de probabilidad médica. La Asociación Médica Estadounidense ha publicado un libro titulado "Guía para la evaluación de la discapacidad permanente de la Asociación Médica Estadounidense", que establece los resultados específicos que un médico debe obtener para probar que la lesión es permanente. Los médicos que comprenden estas guías pueden determinar rápidamente cuán permanente será una lesión sobre la base de las notas del tratamiento y la evaluación del paciente. Antes de intentar y llegar a un acuerdo por tu caso, deberás descubrir si el médico que te está tratando calificará tu lesión como discapacidad permanente. Cuanto más alta la calificación, mayor valor tendrá tu reclamo. Querrás saber esto antes de acercarte a cualquier compañía de seguros para hablar de un acuerdo.

Estos factores incidirán en cómo negociarás con las compañías de seguros, seas tú su representado o el otro conductor. Tener en cuenta todos estos factores es solo el inicio. Contratar un buen seguro es el primer paso para protegerte a ti mismo de un accidente. Sin embargo, como aprenderemos en el capítulo siguiente, no todas las lesiones sufridas en un accidente son físicas. Existen lesiones del tipo psicológico que pueden resultar particularmente difíciles de valorar en toda su dimensión.

CAPÍTULO TRES
Diferentes tipos de accidentes y de lesiones

No todos los accidentes vehiculares son iguales. Los accidentes que involucran motocicletas, embarcaciones, vehículos comerciales y trenes, por ejemplo, son muy diferentes de los accidentes automovilísticos.

A decir verdad, todo accidente tiene un conjunto único de circunstancias, y cada circunstancia se va a vincular con las lesiones sufridas, con cómo presentar una demanda, y si cabe contratar un abogado para que defienda nuestros intereses. En este capítulo exploraremos algunas de las circunstancias inusuales con las que puedes toparte y cuáles son las medidas a tomar más convenientes.

Comenzaré con la historia de Joe Nye, un chofer de camiones que hacía una ruta que atravesaba la costa este de Florida. Cierto día, iba de camino a su casa tras entregar una carga. Iba con el tracto-camión, lo que significa que conducía la porción de la cabina sin la plataforma o semi-remolque. Se dirigía hacia el sur por la autopista Florida Turnpike al norte de Palm Beach, envuelto en una espesa niebla. De pronto, un vehículo de pasajeros se adelanta a alta velocidad, y Joe ve horrorizado que el conductor pierde el control del volante y embiste otro automóvil que está en el mismo carril que Joe.

Joe no tiene alternativa y se ve forzado a salir de la autovía hacia la cuneta. No estamos hablando de un canal de drenaje ni de una zanja somera de derivación de aguas. Se trataba de un canal profundo donde habitaban cocodrilos, peces, serpientes y quién sabe qué otros animales. El camión se precipitó al agua y comenzó a hundirse. El agua subía pero

Joe logró salir del vehículo. Nadó un poco hasta el borde del canal. Vio a un cocodrilo introducirse en el agua cerca de donde él estaba. No todos los cocodrilos temen a los humanos pero, por fortuna, éste sí.

Joe logró salir del canal y volvió a la autopista. Divisó los dos automóviles accidentados. Uno había volcado. Se aproximó. Al acercarse, pudo identificar al automóvil que lo había pasado en la autovía. En el interior, se encontraba el conductor, su mujer y un niño atrapados entre los restos del vehículo. El niño estaba en brazos de la madre, parte de su cuerpo envuelto en metal torcido, y la madre que infructuosamente intentaba sacarlo de allí. Joe corrió para ayudar. La ambulancia no había llegado todavía y Joe presenció, muy a su pesar, el fallecimiento del niño. Es el día de hoy que la imagen de esa criatura atormenta a Joe de noche.

Comparto este relato ya que ilustra cómo algunos accidentes vehiculares pueden dejar profundas heridas. Joe perdió su camión, tuvo que nadar para salvarse del ataque de cocodrilos, y logró salir ileso sin heridas físicas. Su cuerpo estaba sano.

Sin embargo, el trauma emocional de presenciar la agonía de un niño fue algo que a Joe le costó superar. Tuvo estrés post-traumático. Se hundió en una depresión y dejó de disfrutar de la vida. No lograba sacar de su mente la imagen del niño agonizando. No podía trabajar y ya no deseaba conducir el camión. Joe iba a necesitar terapia, tiempo y esfuerzo para lograr sanar las heridas psíquicas que había padecido a partir del momento en que ese conductor se adelantó a altísima velocidad en medio de la niebla cerrada y se estrelló.

En casos similares a éste, es imprescindible que alguien como Joe busque asesoramiento legal. Todo lo que Joe vivió: la pérdida de su camión, el lucro cesante y la cicatriz psicológica, deben contemplarse a la hora de calcular cuánto se le debe a Joe como consecuencia de este accidente.

Es en extremo difícil para una víctima —para alguien como Joe— presentar su caso ante un ajustador de seguros debido al trauma emocional que ha padecido. Un ajustador no le creería. Lo tomaría como una versión interesada, exagerada o falsa.

Luego, Joe hizo lo correcto y nos contrató para que fuéramos sus representantes. Obtuvimos la ayuda médica que necesitaba para reponerse y documentamos los daños que sufrió. Pudimos demostrar que esa herida era verdadera y la prueba bastó para que un jurado comprendiera la verdadera naturaleza y alcance de la herida, y el sentimiento de Joe. Finalmente, obtuvimos la compensación que correspondía.

Mala conducta de la parte demandada

Otro factor, en todo caso, es la mala conducta que puede exhibir el demandado. No sólo los culpables se comportan equivocadamente cuando provocan un accidente, sino que también en ocasiones, algunos se comportan mal con posterioridad. Se vuelven agresivos, se rehúsan a pedir disculpas, intentan intimidar al demandante para que asuma toda o parte de la responsabilidad. Cuando eso ocurre, incrementa el valor del caso y hay más dinero en juego.

Esto es algo que noté al empezar a tomar casos de mala praxis. El caso podía tener un valor de sólo $100.000, pero si el médico era arrogante, grosero o insensible, antes o después del incidente, el jurado sancionaba esa conducta adjudicándole al demandante millones de dólares. Cuando representas legalmente a un demandante, debes crear un héroe (tu cliente, el demandante) y un villano (el demandado que provocó el accidente). Cuando el demandado se comporta mal, es mucho más sencillo convertirlo en villano. En una oportunidad, pusimos tanta emoción en el caso, que el jurado no nos dio lo que queríamos —¡nos dio el doble de lo que pedíamos! Con ese caso aprendimos que los miembros de un jurado se vinculan emocionalmente con la injusticia, el fraude y la deshonestidad.

En otro caso, mi cliente sufrió graves heridas tras ser arrollado por un automóvil conducido por una joven mujer que había salido con sus dos hermanas. Mi cliente, como consecuencia, quedó ciego y paralítico. Los gastos médicos superaron el millón de dólares. Le esperaba una vida en silla de ruedas. En el juicio, reclamamos $30 millones.

El abogado defensor no presentó casi resistencia durante el juicio. Rara vez contra-interrogó a nadie y cuando lo hizo, pidió disculpas a diestra y siniestra por el daño causado por este accidente. Fue respetuoso y empático. De hecho, se clavó la espada, lo que dificultaba pintarlo a él, o a su cliente, como un villano ante el jurado.

Pero entonces, en sus palabras de cierre, le suplicó al jurado un acuerdo "razonable". Consideraba que $3 millones o $4 millones era el monto adecuado. Me preocupé. El jurado bien podría haberse convencido de acceder a sólo $3 millones. El caso era trágico, los daños materiales de apenas $1 millón, por lo que $3 millones sonaba razonable. Nuestro pedido por una cifra de entre $15 millones y $30 millones era demasiado elevado para el caso. Fue entonces que el abogado de la parte demandada se equivocó: dijo que el padecimiento de mi cliente no ameritaba "ganarse la lotería".

Esto no puede decirse en el tribunal, pero no me opuse. Estaba feliz. Quería responder a su alegato, y le salté encima en mi alegato de cierre. "Nadie que queda ciego y debe pasar el resto de sus días en una silla de ruedas puede considerarse ganador de una lotería". "Afirmar semejante cosa es cruel y despiadado".

Me dirigí al jurado: "¿Qué valor monetario le darían a quedar paralizados y ciegos por el resto de sus vidas? Damas y caballeros, incluso $30 millones no son suficientes para hacer justicia en este caso, pero este es el monto que debería otorgársele a mi cliente".

Por fin, el jurado nos otorgó entre $8 millones y $9 millones. Una cifra inferior a la esperada, pero el triple de la solicitada por el abogado defensor. Y un aspecto importante quedó en evidencia: la buena conducta, también cuenta.

La clave está en llevar un registro de la conducta. Tomar nota de la ira. Registrar la deshonestidad. Cada vez que armes un escenario del bueno contra el malo, debes preservar ese momento.

Gravedad de la lesión

Hay algo que he aprendido con los años y es que es muy difícil que los ajustadores de seguros tomen en cuenta las lesiones. Se rehúsan a hacerlo, así de sencillo.

Asimismo, vale tener en cuenta, si es que estás llevando adelante tu caso de manera independiente, que los ajustadores se ponen nerviosos cuando las cifras son elevadas. No brindan montos razonables en esas situaciones. Por ejemplo, estaba asesorando a otra abogada, llamada Irene, cuyo cliente se había lesionado en un accidente causado por un tercero. El otro conductor contaba con una póliza de seguro con un tope máximo de $1 millón y nuestro cliente había superado los $200.000 en facturas médicas. A mi parecer era un caso que ameritaba un monto de $500.000 o $550.000. Entonces pedimos $1 millón.

La primera oferta del ajustador fue de $134.000.

Cuando un ajustador comienza con un monto tan alejado de lo que corresponde, a menudo no queda otra alternativa que litigar. Cuando el ajustador de seguros comienza con un monto de $134.000 en lo que correspondería un monto de medio millón de dólares, cabe la posibilidad de lograr que suba hasta $200.000 e incluso a $225.000. Pero eso es lo máximo a lo que se va a estirar. Si contemplas una oferta de ese tipo, vas a pasarte los seis meses siguientes negociando y nunca vas a lograr elevar el monto a la cifra adecuada.

Cuando recibas una oferta tan baja, decide con rapidez si la vas a aceptar. En ocasiones, la vida indica que lo mejor es aceptar esa oferta al instante. Tal vez te estés por mudar o a punto de dejarlo todo para unirte a un circo. (Sí, esto me sucedió en una oportunidad. Una semana antes del juicio, mi cliente anunció que se había enamorado de Ed, el entrenador de elefantes del circo Ringling Brothers, y que pensaba irse el domingo siguiente. No le iba a ser posible acompañarme el día del juicio. ¡No es una historia falsa!)

Puede que seas magnífico negociando, saber cómo redactar una contundente carta de demanda, lograr darle valor al caso y, aun así, recibir una oferta ridículamente baja por parte del ajustador de seguros. Tu único recurso en una situación de este tipo es rechazar la oferta baja, contratar un abogado y presentar una demanda judicial. Si estás decidido a manejar un caso de accidente con lesiones graves, prepárate para percibir un poco menos o bastante menos de lo que conseguirías con un abogado. El único caso en el que el demandante puede obtener un beneficio de representarse a sí mismo es cuando el monto del caso es inferior a $100.000 o cuando el demandante tiene motivos de peso para ir por menos dinero y tomar un valor mucho menor.

En el caso de Joe Nye, se le otorgó tras el accidente en la zanja cerca de $1 millón. Cuando eres testigo de la muerte de un niño, la imagen queda grabada en tu cerebro y la tristeza se apodera de ti. Una lúgubre melancolía te invade y lleva años de terapia lograr superar el trauma. Pero para obtener una compensación equitativa por ese dolor, debes exteriorizar el reclamo y obtener tratamiento. Debes ser sincero y la otra parte debe convencerse de que lo eres con sólo echar un vistazo a tu historial médico. Y, nuevamente, necesitas un tercero para que argumente a tu favor. Necesitas un abogado.

Gravedad de los accidentes

Determinados tipos de accidente generan circunstancias que pueden dificultar que los demandantes negocien sin representación legal.

A menudo los accidentes de motocicleta entran en esta categoría. Una motocicleta no posee carrocería que proteja al motorista en caso de un siniestro. Asimismo, la motocicleta suele pasar de estar quieta a levantar alta velocidad y pasar de la alta velocidad a volver a detenerse muy rápidamente. Es una mala combinación. Los accidentes de motocicleta tienden a ser los más peligrosos tipos de accidente que vemos.

Otro motivo clave para ello es que la mayoría de los automovilistas simplemente no ven las motocicletas. Y no se debe a que la motocicleta no esté allí. Se debe a que los conductores han sido entrenados para estar atentos a otros automóviles y camiones. Tal vez oigas el motor de una motocicleta y la tengas frente a la vista, pero suele ocurrir que la mente no lo percibe. La mayoría de los accidentes que involucran motocicletas ocurren no por la negligencia del motociclista, sino porque el conductor del automóvil que se le cruzó enfrente no estaba consciente de su presencia allí.

Hemos tenido en nuestra oficina cientos de casos que involucran motocicletas, y cuando entrevistamos a los inculpados, lo que solemos escuchar es: "La motocicleta debe haber estado avanzando a altísima velocidad ya que cuando miré no estaba allí y de pronto apareció." Es cierto que las motocicletas están diseñadas para ir de cero a sesenta millas por hora en cuestión de segundos, pero te aseguro que hemos tenido muchos más casos en que el motociclista afirma haber establecido contacto visual con el conductor, conducir a una velocidad media, y aun así el motorista inculpado se adelantó frente a sus propios ojos. En consecuencia, una motocicleta de 300 o 400 libras recibe el impacto de un automóvil de 3.000 libras de peso.

Como si fuera poco, muchos motociclistas no usan elementos de protección adecuados. En algunos estados como Florida, no es obligatorio usar casco. Hay motociclistas yendo a alta velocidad en la cálida brisa, sin protección en sus cabezas. Se dicen a sí mismos que deben reducir la velocidad, conducir con seguridad, permanecer en el carril lento. Pero incluso a 45 millas por hora en el carril lento, los automóviles encuentran manera de embestirlos.

Es un estereotipo falso afirmar que los motociclistas son imprudentes. Uno de los abogados de nuestro estudio se desempeñó como oficial de policía en motocicleta durante veinte años. Presenció miles de accidentes y fue investigador profesional de siniestros. Cuenta que la mayoría de los casos de accidentes con motocicletas involucran a un motociclista responsable y a un automovilista que sencillamente no vio la motocicleta. Esto no implica que no haya jóvenes a bordo de motocicletas veloces —las Suzuki Sport de carrera, por ejemplo— que no conduzcan temerariamente por la autovía como si tuvieran un cohete entre las piernas. Estas motos son livianas, con un diseño ergonómico que invita a inclinar el cuerpo hacia adelante para trazar las curvas y hacer picadas. Los siniestros que involucran motocicletas nunca son agradables.

Mi esposa e hija conducían por una autopista no hace mucho tiempo cuando las pasó a más de 100 millas por hora una de estas motocicletas. Una milla más adelante, en una curva, se encontraron con una escena horrible. El conductor había perdido el control de la motocicleta en la curva y se había estrellado contra una barreta de concreto. La gente se apresuraba a socorrer al conductor que yacía con una fractura expuesta de hombro. Cuando mi hija llegó a casa me suplicó: "Papi, prométeme que nunca vas a conducir una motocicleta".

Las motocicletas —denominadas Cruiser o Touring— suelen ir a menor velocidad. En especial cuando se trata de varios moteros que viajan en grupo. Es posible que un automovilista no divise claramente a una sola motocicleta, pero sin duda va a distinguir a una cuadrilla y va a oír cuando se aproximen.

Pese a los peligros, muchos accidentes de motocicleta son relativamente leves y la cobertura de seguro tan baja que los conductores se representan a sí mismos cuando sufren un accidente. Y si bien las aseguradoras tienden a bajarle el tono a las lesiones aducidas en un accidente automovilístico —argumentarán que el dolor en el cuello proviene de una lesión jugando al fútbol años atrás, por dar un ejemplo— las heridas sufridas en un accidente de motocicleta suelen ser muy evidentes. Esto facilita las cosas para que el demandante maneje el caso por su cuenta. Las más de las veces, el conductor de la motocicleta no cometió ninguna falta y la herida es fácil de ver, y es creíble. Casi siempre la compañía de seguros va contra la parte demandada. Requiere de una negociación bastante sencilla llegar a una buena cifra por heridas leves.

Este no suele ser el caso de los conductores con un cohete entre las piernas. Si eres un adolescente a bordo de un bólido, es probable que andes por ahí a toda velocidad, haciendo maniobras de giro cerrado, básicamente siendo un irresponsable. Con frecuencia estos chicos terminan con heridas tan graves que no lo justifica. Y es su culpa. Esto dificulta el cobro, aun cuando el motociclista no conduzca de manera desaprensiva. Existe un prejuicio general respecto de los motociclistas. Pero si al otro conductor le cabe incluso una responsabilidad parcial, el motociclista podrá cobrar la porción correspondiente al grado de culpabilidad del automovilista. Para concretarlo, no obstante, el conductor de la motocicleta deberá lograr que se venza el prejuicio inherente en su contra. Aquí es donde entra en juego la habilidad de un abogado especialista en accidentes de motocicleta. Estos abogados son empáticos, conocen las reglas y detalles en torno a los accidentes de motocicleta. El ajustador de la compañía de seguros no es inmune al prejuicio en contra de los motociclistas. No siempre entiende el peligro que implica para su cliente un accidente de ciertas proporciones con una motocicleta. Lo que puede redundar en que el ajustador tome una decisión errónea y, a su vez, beneficie a la víctima del siniestro cuando ésta contrata a un abogado hábil.

Buena fe, mala fe

Voy a explicar cómo se manifiesta el prejuicio.

Estoy trabajando en un caso en el que represento a un motociclista que sufrió heridas graves cuando un vehículo avanzaba por una calle lateral y embistió a mi cliente. Mi defendido estuvo hospitalizado durante treinta días.

El accidente ocurrió cuando se desplazaba por una de las principales vías norte-sur. Es una carretera importante, con tres carriles en cada sentido, y mi cliente se dirigía al norte por el carril lento. No había nadie más en la carretera a esa altura.

El otro conductor se desplazaba desde el este y se detuvo en la señal de alto, con intención de girar hacia la izquierda. Su idea era atravesar los tres carriles en sentido norte, doblar hacia la izquierda y dirigirse por la carretera en dirección opuesta. Apretó el acelerador en el preciso momento en que mi cliente pasaba frente a ella, embistiéndolo en ángulo oblicuo. Si alguien hubiera estado mirando la escena desde el aire hubiera jurado que la conductora estaba esperando el momento justo para embestirlo como si lo hubiera calculado. Mi cliente resultó gravemente herido como consecuencia del choque. La mujer contaba con una póliza de seguro de responsabilidad por daños corporales con un límite de cobertura de $100.000.

Nos pusimos en contacto con la aseguradora y explicamos que nuestro cliente debía pagar cientos de miles de dólares en gastos médicos. Tras treinta días en el hospital, puedes imaginarte el tamaño de las facturas médicas.

Un ajustador avezado de inmediato hubiera apuntado al tope de la póliza de seguro de la mujer y desembolsado el monto total de $100.000. Eso era todo lo que tenían obligación de pagar y hubieran cumplido con su deber si hubieran extendido un cheque por la cobertura de la conductora. Esto los hubiera protegido y hubiera protegido a su cliente de ser demandada.

Pero como nuestro cliente era motociclista, al parecer la compañía de seguros pensó que compartía en alguna medida parte de la responsabilidad. Dieron por sentado que por conducir una motocicleta era imprudente o negligente en alguna medida. En consecuencia, no hicieron nada. No respondieron nuestra carta. No intentaron evaluar el caso. No trataron de llegar a un acuerdo. Ni siquiera se pusieron en contacto con su cliente para consultarle acerca del accidente.

Noventa días más tarde, presentamos una demanda judicial. En su declaración, la automovilista se echó a llorar. Admitió haberse estampado contra nuestro cliente y dijo que no creía que nuestro cliente hubiera ido a alta velocidad. No lo había visto hasta que lo tuvo delante de sus ojos cuando lo embistió. Se sentía muy mal. Dijo: "Cada noche pienso en ello. Me siento culpable. Me siento horrible por él. Quiero hacer lo que sea para enmendarme".

Este ejemplo demuestra cómo, a veces, las aseguradoras no negocian de buena fe. La Florida es uno de los estados que tiene leyes respecto de esta conducta. Si una compañía de seguros actúa de mala fe y como consecuencia su cliente es demandado —precisamente lo que sucedió en este caso— luego la empresa puede considerarse responsable.

La compañía de seguros podría haberse librado de este embrollo si hubiera pagado los $100,000 a nuestro cliente que era el tope de la póliza de la mujer. Terminamos obteniendo $1,75 millones.

Accidentes de navegación

Los accidentes de navegación constituyen otro tipo de infortunio vehicular que suele requerir que un abogado se ocupe. Las embarcaciones se rigen por un conjunto de reglas completamente diferente, y estas reglas no son algo con lo que las personas están familiarizadas. Existen leyes marítimas federales, leyes marítimas internacionales que se extienden tres millas marinas de la costa, reglas contractuales para la industria de los cruceros, tratados internacionales para el control de lesiones a trabajadores y huéspedes, la ley "Muerte en Alta Mar", la Ley Fundamental de la Defensa, la ley Jones, así como también muchas otras leyes afectadas a los viajes en alta mar.

Muchas personas no saben que el propietario, o el capitán, de una embarcación es el máximo responsable de la seguridad de todos los pasajeros. Si estás piloteando tu embarcación y golpeas una ola y, como consecuencia, una persona se cae al piso de la nave, es culpa del capitán, y no del pasajero. Lo que es más, se exigen muy pocos elementos de seguridad en una embarcación. No hay cinturones de seguridad o correas, los almohadones se mueven. Para adquirir un seguro para embarcaciones, los únicos elementos de seguridad requeridos son un equipo de flotación, un extinguidor de fuego, un silbato y una bengala.

Las embarcaciones de recreo están hechas de una carcasa rígida de Kevlar, fibra de vidrio, acero inoxidable o madera y por este motivo al subir o bajar de la embarcación, si nos caemos o si tropezamos en esta superficie dura, resbaladiza y mojada es posible que nos lastimemos. Aquellos que nadan, bucean o practican esquí acuático cerca de la embarcación también están expuestos a otras naves. Corren más peligro de sufrir un accidente vinculado a otras embarcaciones que de cualquier ser vivo que habite el mar. Debes temerle más a otra nave que a un tiburón nadando a tu lado.

Típicamente, nos encontramos con dos tipos de casos náuticos más que otros: accidentes que ocurren en un crucero y otros que involucran dos o más naves privadas. De cuando en cuando, nos llega un caso de un bote que golpea a un nadador y es con consecuencias terribles. Todos estos incidentes están asociados a un conjunto de reglas específicas que, en su mayoría, son diferentes de las reglas que gobiernan otros vehículos a motor. Por fortuna, uno de nuestros abogados es especialista en accidentes de cruceros y embarcaciones. Se centró en la ley marítima cuando estudiaba derecho y se mudó de Ohio a Florida sólo para estar cerca del mar y ejercer la ley marítima.

Buques de crucero

Si te lesionas en un crucero, tu caso debe manejarse de acuerdo a las reglas que se detallan a continuación:

- Debes notificar a la línea naviera dentro de los seis meses posteriores a la lesión. Esto es sencillo ya que la mayoría de las personas que sufren una herida o lesión en un crucero visitan al médico a bordo y presentan un informe sobre el incidente.

- Debes presentar la demanda dentro del año a partir de la fecha del accidente.

- Debes entablar juicio dentro de la jurisdicción de la compañía de crucero. La mayoría de las líneas navieras operan desde Miami, si bien unas pocas lo hacen desde Seattle. Esto significa que debes contratar un abogado que ha sido admitido a la práctica del derecho en el distrito sur de Florida.

Rara vez se resuelve una demanda que involucra a un buque de crucero en menos de un año. Las líneas de cruceros a menudo se auto-gestionan y no usan compañías de seguros. En la mayoría de los casos, las ofertas que hacen son asquerosamente bajas, por lo que siempre deberás hacer juicio por obtener una justa indemnización. No te quedes dormido si tienes un accidente en un crucero. Para la mayoría de las líneas de crucero, llama a un abogado del sur de Florida. Si tienes un accidente con un crucero Holland America, llama a un profesional de Seattle. Nosotros recibimos llamados relacionados con accidentes en cruceros para todas las líneas; te invitamos a que llames a nuestra oficina y haremos una derivación sin costo alguno. La industria marítima es pequeña y podemos ayudarte a encontrar el abogado más adecuado para tu caso.

Accidentes con embarcaciones privadas

En el caso de la navegación recreativa, los conflictos suelen surgir en torno a colisiones o percances. Rara vez nos topamos con casos en los que el capitán de un barco comercial o bote pequeño es demandado por un pasajero herido. Con frecuencia, recibimos llamados cuando navegantes de fin de semana se pelean. Estos navegantes aficionados colisionan, golpean un embarcadero, una baliza o un pilón de amarre. La mayoría de los navegantes no tienen tanta experiencia en el agua como en la carretera, y es más complejo timonear un barco que pilotear un automóvil. Para comenzar, crees que no vas de prisa porque el agua es tan extensa e inconmensurable, pero cuando te aproximas a un obstáculo, de pronto sientes que lo tienes encima y no hay una maniobra sencilla para aminorar la velocidad o detenerte.

Es más, la mayoría de los propietarios de embarcaciones ha recibido poca capacitación. Muchos aprenden por ensayo y error. Es obligatorio que un conductor de automóvil tome un curso y rinda un examen de manejo, que es requisito en cada estado antes de que pueda salir a la ruta. Pero si alguien quiere conducir un bote, todo lo que necesita es comprarlo, lanzarlo al agua y navegar por la vía fluvial inter-costera con un grupo de pasajeros a bordo.

Existen muchos reglamentos sobre cómo navegar y cómo desplazarse por las vías fluviales públicas, pero nadie los lee o conoce. Por ejemplo, cuando botas tu barco, se supone que debes tocar la bocina dos veces para avisar a todos de que estás por zarpar. Nadie lo hace.

Tuvimos un cliente que en una oportunidad estaba aproximándose con el barco a un embarcadero público. Un hombre estaba por zarpar del muelle, entonces mi cliente detuvo el avance y se detuvo a la espera de que ese lugar quedara libre. Nuestro cliente dejó la silla del capitán por un instante para buscar algo en la escotilla, y de pronto la otra embarcación, sin tocar la bocina, zarpó a toda máquina y se estrelló contra el barco. Nuestro cliente salió despedido e impactó contra la cubierta y, como consecuencia, sufrió una fractura grave en la pierna.

Durante las declaraciones, el otro navegante afirmaba que nuestro cliente había actuado con negligencia y que no debería haber abandonado el timón, aun estando su embarcación en posición flotante. Afirmaba ser un "capitán profesional". Insistió en sus declaraciones que la ley marítima exigía que mi cliente no abandonara el timón. También afirmó que mi cliente debía apartarse para dejar pasar a todo el que zarpara del muelle pues él tenia precedencia.

—¿En serio? —comenté— ¿Y en dónde figura esa reglamentación? Tengo el código aquí.

Por supuesto que no pudo comprobarlo porque esa cláusula no existe. Pero dado que este "capitán profesional" pretendía saber tanto de las reglas, le pregunté si había tocado la bocina antes de zarpar.

—¿La bocina? No. ¿Por qué debería haberlo hecho?

Supongo que no estaba familiarizado con la regla que estipula que se debe hacer sonar la bocina para avisar a otros que se hagan a un costado. El estaba en falta por haber causado el accidente, pero no se dio cuenta porque desconocía las reglas. Determinar la culpa en casos de navegación es como determinar la culpa en cualquier otra cosa: para establecer quién tiene razón y quién está en falta es necesario conocer las reglas y su aplicación. La mayoría de las personas no conocen las reglas náuticas y quien se toma el trabajo de aprenderlas lleva una clara ventaja. Luego de las declaraciones, la compañía de seguros del capitán hizo una oferta por el límite de cobertura de la póliza de mi cliente, y no fue necesario avanzar con el proceso judicial.

Lo que complica las cosas —al menos aquí en Florida— es que los patrones no tienen la obligación de estar asegurados. Esto no significa que no puedas obtener un seguro. Mi barco cuenta con un seguro y considero que todos deberían contratar un seguro si tienen un barco. Es una locura no hacerlo. Si tienes un accidente grave, podría llevarte a la quiebra.

Los accidentes náuticos más comunes se dan cuando el capitán hace una maniobra irresponsable y un pasajero resulta lesionado. El pasajero cae sobre la cubierta y se quiebra algo o se golpea la cabeza contra una bancada u otro objeto. En ocasiones un pasajero cae al agua y el capitán lo arrolla con la hélice. Ese es un accidente particularmente dramático. También he presenciado situaciones en las que el capitán de la nave ingresa al puerto a alta velocidad y uno de los pasajeros saca la pierna para evitar que la embarcación golpee contra el muelle. No se dan cuenta de la potencia de la nave. En otras oportunidades, su pierna queda atrapada entre el muelle y el bote. Eso es bastante común. El segundo tipo de accidente más común es cuando los navegantes se estrellan contra otros botes.

Las motos de agua son otra fuente frecuente de accidentes. La gente no se da cuenta de que una moto acuática solamente gira cuando el motor está encendido. El conductor avanza en dirección de un objeto estático, como un pilón o un embarcadero, y suelta el acelerador. Pero cuando intenta girar, la moto de agua sigue deslizándose y colisiona.

Aprende las reglas del estado

Son muy raros los accidentes que involucran automóviles y trenes, y en mi oficina no tenemos mucha experiencia al respecto. Sé al menos que si te toca en suerte un caso de esta naturaleza, no sólo debes contratar un abogado: busca un abogado especializado en este tipo de siniestro.

Un colega representó a un cliente que resultó herido por un tren. El mecanismo de la barrera automática falló y el cliente de mi amigo cruzó el paso a nivel en el momento en que el tren se aproximaba al paso a nivel. Como resultado, el tren impactó en la parte trasera del automóvil. Claramente, la compañía de ferrocarril era culpable, incluso había un video del accidente. Era un caso claro. Pero gracias a que mi amigo consultó con un experto, logró obtener una suma respetable de la compañía. Necesitó el asesoramiento de alguien familiarizado con la enorme cantidad de reglas federales en materia ferroviaria.

En muchos casos, esto es lo que los conductores deben hacer si quieren representarse a sí mismos en un accidente de tránsito —deben conocer las reglas de su estado. A menudo, es cuestión de buscar en Google los requisitos de seguro del estado. Es importante hacerlo antes de reunirse con el asesor de seguros para contratar una póliza. El asesor bien puede recomendar una cobertura que es el doble de lo que exige el estado.

Cuando eso sucede, es bueno saberlo de antemano para preguntarle el porqué de esa recomendación.

Lo peor que puedes hacer

Al margen del estado en que habitas, lo peor que puedes hacer como conductor de un vehículo es tener un mal comportamiento al volante. La mala conducta incluye la ingesta de toda sustancia que afecta el manejo, llámese alcohol, drogas, marihuana o algo de esa naturaleza. Es un error colosal. Al conducir bajo los efectos de sustancias ilícitas eres responsable de todos los daños y te expones a sanciones punitivas. Y si bien es posible que te libres de algunos cargos por daños si te declaras en quiebra, la insolvencia no te ayudará a librarte de una sentencia punitiva en tu contra por daños. No podrás escaparte.

La segunda peor acción que puedes seguir es ser irresponsable y operar con dispositivos mientras conduces, en particular tecnología portátil. Si las autoridades se percatan de que estabas ocupado con un dispositivo portátil en el momento del accidente, lo considerarán como si hubieras estado alcoholizado. Serás sancionado con una punición. Y, una vez más, declararte en bancarrota no te librará de los daños punitivos.

A estas distracciones basta agregar que muchas personas acostumbran conducir por carreteras rurales de dos sentidos en donde el margen para cometer un error es mínimo. No hay arcenes, ni mediana, el control de tránsito es escaso. Es una receta para los choques frontales, que son el peor tipo de accidente que puedes tener. Considero que los vehículos equipados con conducción autónoma, que te avisan cuando sales del carril, son de gran ayuda y en el futuro será un equipamiento estándar presente en todos los automóviles. Pero aún estamos muy lejos de que esa tecnología sea generalizada.

Las autopistas, debido a la alta velocidad y número de vehículos, pueden ser peligrosas, pero la mayoría de los accidentes ocurren en las intersecciones. Toda suerte de hechos desafortunados sucede en las intersecciones. Conductores que infringen semáforos en rojo o que desatienden las señales de detención. Choferes que giran frente a automóviles que vienen en dirección opuesta o que llegan a una intersección a alta velocidad y embisten a un vehículo detenido. Gente que no presta atención a los cruces peatonales y que arrolla peatones. Las intersecciones se prestan a la confusión y son peligrosas.

Es por este motivo que en muchas ciudades del país se las está reemplazando por rotondas. Algunos conductores se sienten frustrados con las rotondas, pero lo cierto es que son más eficientes y seguras que las intersecciones tradicionales. Washington DC está repleta de ellas y en ocasiones hay cinco, seis e incluso siete calles que desembocan en una rotonda. Se podría suponer que cada dos minutos hay un accidente, pero rara vez ocurre alguno.

Entretanto, en una intersección tradicional dos millas más adelante, la gente colisiona a diestra y siniestra. En el año 2018, las autoridades estatales de Washington realizaron un estudio en el que quedó demostrado que las rotondas son entre 75 por ciento y 90 por ciento más seguras que las intersecciones tradicionales de cuatro altos.

Los automóviles se han vuelto más seguros a lo largo de los años al incorporar cinturones de seguridad, *airbags*, cristales templados, respaldos irrompibles, reposa cabezas para evitar el latigazo cervical y correas para el hombro. Los fabricantes se esfuerzan por desarrollar mejores sistemas de seguridad. Por ejemplo, considero que los vehículos de conducción autónoma mejorarán la seguridad en las carreteras. Tengo un automóvil de conducción asistida que mantiene el vehículo en el carril, sostiene una velocidad predeterminada, frena en todos los semáforos y señales de detención, y continuamente te recuerda que te mantengas alerta y atento al proceso de conducción. Aminora la marcha si el vehículo que te precede circula a una velocidad más reducida y reacciona si un vehículo que intenta cambiar de carril se aproxima demasiado a la parte trasera de tu automóvil.

Con todos estos avances en materia de seguridad, cabe preguntarse por qué sigue habiendo un alto índice de fatalidad en accidentes con automóviles. Según un informe de la Agencia Nacional de Seguridad Vial, el número de víctimas fatales mermó en el año 2008, pero desde entonces se registra un creciente aumento año tras año. ¿Por qué no logramos reducir esa cifra?

La respuesta es que no importa cuán seguros sean los automóviles que diseñemos, siempre encontramos la forma de hacernos daño o de morir al volante.

Si eres uno de los más de dos millones de personas que resultan heridas por año en un accidente vehicular, debes ser consciente de cuáles son tus derechos y cómo responder en caso de ser víctima de un siniestro. En el capítulo siguiente, analizaremos los tipos de lesiones que afectan a las personas y cómo abordar su tratamiento.

CAPÍTULO CUATRO
En qué consiste el tratamiento médico

Un tiempo atrás, representamos a una mujer que había resultado seriamente herida en un accidente de automóvil ajeno a su responsabilidad. Quedó con una montaña de facturas médicas por sus tratamientos y, además, tenía pruebas de que iba a necesitar en el futuro cirugía y otros procedimientos médicos. Más aun, no pudo trabajar por mucho tiempo y, por ello, se vio financieramente afectada. Este accidente fue devastador en su vida. Claramente, tuvo que soportar mucho dolor y sufrimiento.

No pudimos llegar a un arreglo con la empresa de seguros, así que el caso fue a juicio. El jurado decidió que nuestra clienta debía cobrar $120.000 en concepto de gastos médicos pasados y $150.000 por futuras cirugías. Además, le otorgaron $100.000 para cubrir el lucro cesante pasado y futuro. Por lo tanto, el jurado decidió compensarla por sus daños económicos documentados por una suma total de $280.000.

¿Cuánto creen que le dieron por su dolor y sufrimiento?

Si respondiste entre $280.000, $560.000, u $840.000, sería lo mismo que nosotros estimamos debería otorgarle el jurado. Nuestra cliente había pasado por un infierno. Por eso, solicitamos tres veces el monto de lo que habían sido sus daños económicos. Normal y razonable. Nos parecía que el dolor y sufrimiento habitual en un caso como este valía, por lo menos, lo mismo que los daños económicos sufridos por nuestra clienta, pero a la vez sentíamos que ella había experimentado un grado todavía mayor de dolor y sufrimiento en daños no económicos y merecía ser compensada por ello por la aseguradora del conductor responsable de todo aquello.

Estimábamos que obtendríamos un veredicto por un total en el rango de $500.000 y $700.000.

Obtuvimos mucho menos. El jurado dictaminó para nuestra clienta una suma de $2.000 por el dolor y sufrimiento pasados, y $5.000 por el dolor y sufrimiento futuro. ¡Siete mil dólares por todo dolor y sufrimiento! Increíble e insensible. Habíamos llevado adelante un juicio con un gran caso. Nuestra cliente testificó bien. El demandado no había causado una gran impresión. Pero alguien en ese jurado luchó duro contra los daños que se entienden como dolor y el sufrimiento.

El punto aquí es que nunca sabes lo que puede decidir un jurado respecto de los daños no económicos. Un abogado experto en juicios que conozco decidió ir a juicio por un caso de una pequeña lesión en tejido blando. Iba a demandar una compensación de $85.000. Por alguna razón, en el jurado estaba una persona rica y famosa. Desconozco cuán seguido este tipo de personas son llamadas a participar de un jurado, pero sé que ocurre. En la sala del jurado al final del caso, el hombre adinerado convenció al resto de los miembros del jurado de que mi amigo, el abogado del demandante, era un idiota que no sabía lo que realmente valía la lesión y expresó que el demandante necesitaba $1,5 millones si iba a ser realmente indemnizado. El jurado le otorgó efectivamente $1,5 millones en concepto de compensación. A lo que quiero llegar con esto es que el dolor y el sufrimiento son difíciles de determinar y que, al igual que en el arte, el valor de un caso está en los ojos de quien lo mira.

Los gastos médicos, daños a la propiedad, el lucro cesante —todos los daños económicos— son claros y fáciles de calcular. El daño emocional o psíquico ocasionado por un accidente trágico es mucho más complicado de cuantificar. En mi caso, debe haber habido alguien en el jurado que no creía que las personas debían ser compensadas por su dolor y sufrimiento. Tal vez, no gustó algo que dijo mi clienta en su testimonio. Puede haber sido cualquiera de entre un millón de razones el motivo para que el jurado volviera con un veredicto tan tremendamente bajo. De igual manera, esa persona famosa en el caso de mi amigo sintió algo totalmente diferente sobre lo que implican el dolor y sufrimiento, y se ocupó de que ello tuviera verdaderas consecuencias —incluso más de lo que mi amigo creía posible explicar a un jurado.

Es simple, nunca sabes lo que el jurado puede hacer. Independientemente de las circunstancias de tu caso, existe siempre el riesgo de obtener muy poco por tu dolor y sufrimiento.

Los ajustadores de seguros lo saben. Por eso no asignan mucho, si es que lo hacen, en concepto de daños no económicos. Estos expertos reducirán tu dolor y sufrimiento a cero.

Si estás considerando manejar tu propio caso en lugar de contratar a un abogado, debes aceptar que la mejor forma de hacerlo con éxito es hacer que tus daños económicos sean lo más altos posible, porque no puedes esperar recibir mucho por daños no económicos. No puedes estar seguro de que obtendrás una compensación justa por tu dolor y sufrimiento. Por supuesto que puedes incluirlos como parte de tu demanda, pero no lo tendrán en cuenta. Si quieres llegar a un acuerdo sin ir a juicio, tendrás que aceptar este hecho. Si no están dispuestos a concedérselos a un abogado —como pasó en el caso que les acabo de contar— ciertamente no van a concederte ese tipo de compensación a ti. Esto está bien si tus expectativas están en esa misma línea y tienes pruebas sólidas de tus pérdidas económicas pasadas y futuras, lucro cesante y gastos médicos.

Buscar tratamiento médico

Si resultaste lesionado/a en un accidente de automóvil, es crucial que vayas a ver a tu médico cuanto antes. Si bien es posible que todavía no se haya manifestado ningún dolor físico y, por ello, no tengas plena consciencia de que existe daño, si no buscas tratamiento médico inmediatamente después de un accidente, le das a la compañía de seguros la oportunidad de reclamar que tus lesiones no ocurrieron durante el accidente, sino que después.

Una vez tuve un cliente, Vincent, quien resultó lesionado en un accidente de automóvil muy grave. Fue al hospital y se quejó de sentir dolor en el cuello y la espalda. También le dolía la muñeca, pero supuso que se trataba simplemente de un esguince y que se curaría solo, por lo que no lo mencionó en ese momento. Justo antes del choque, él estaba intentando alcanzar algo en el asiento trasero con su mano derecha, movió el brazo y se raspó contra el tablero antes de la colisión. El golpe repentino hizo que su muñeca se resintiera.

Una semana después, Vincent le contó a su ortopedista que la muñeca le seguía molestando y el dolor no había cedido como había esperado. El médico lo examinó y encontró que el hueso escafoide de la muñeca de mi cliente estaba fracturado. Ese tipo de fractura no se cura por sí sola y requiere de una cirugía para arreglar el hueso roto con clavos y tornillos. Se trata de un tipo de lesión muy común en casos de impacto fuerte, pero como la mano se puede mover y usar es muy fácil pensar que se trata de algo simple que se curará sin más.

En consecuencia, incluimos los costos de la cirugía y rehabilitación en nuestra carta de demanda a la empresa de seguros y ellos la refutaron. Alegaron que no es común que una lesión en el hueso escafoide se produzca en accidentes automovilísticos y que esta lesión seguramente había ocurrido en algún momento durante la primera semana después del accidente. No le creyeron a Vince y dieron a entender que estaba mintiendo, cometiendo fraude y, básicamente, buscando la forma de sobredimensionar su caso.

Cuando ocurren este tipo de situaciones, tu único recurso es entablar una demanda e ir directo a juicio. Ahí ya todo se resume en la credibilidad del cliente y Vince era un sujeto muy creíble.

Otra cosa a tener en cuenta es que ni los hospitales ni los médicos de atención primaria tienen por objetivo encontrar o diagnosticar lesiones. Solamente están intentando aliviar tu dolor y enviarte a ver al especialista que corresponda. Dirán: "Sientes dolor aquí y allí, tienes esguinces acá y allá. Consulta al ortopedista".

Este tipo de consultas no ayudarán a tu caso porque este tipo de médicos no están evaluándote concienzudamente con el propósito de descubrir si has sufrido algún tipo de lesión y de qué clase. Te dirán que puede ser que te hayas desgarrado el ligamento cruzado anterior o algo así, pero te enviarán a consultar con otro médico para que te haga la resonancia magnética necesaria para verificarlo.

Esto no significa que no debes ir al hospital. Esas idas al hospital prueban que, después del accidente, sentías suficiente dolor como para ir allí y esa conexión entre el dolor y el accidente hace que valga la pena movilizarte hasta ahí. Además, en el hospital pueden descartar que existan lesiones más serias.

Es muy importante que informes de cualquier dolor que sientas. Ten en cuenta todo: desde la punta de tu cabeza hasta la punta de la uña del dedo de tu pie. Si te duele cuando orinas o defecas es extremadamente importante que lo comuniques. Muchas veces las lesiones que afectan la columna vertebral se manifiestan en forma de incontinencia. Si te cuesta mover tu torso hacia derecha e izquierda, si te tiembla un ojo, sea lo que sea —y por ínfimo que parezca—, asegúrate de que las personas a cargo de tu tratamiento lo sepan y tomen nota de ello. Estas molestias y dolores pueden ser síntomas de un problema subyacente que todavía no se manifestó. Inmediatamente después de un accidente, la adrenalina en tu sistema y cuerpo no ha tenido tiempo de activarse por completo. No se ven aún los moretones y puedes moverte. En dos o tres días, te sentirás mucho peor.

Lesiones que no ves

Los incidentes repentinos y graves —como ser que un camión pase con luz roja y enganche la parte de atrás de tu automóvil justo cuando estás pasando por una intersección— pueden desencadenar una suba de adrenalina tal que camufle tu dolor y la verdadera magnitud de tus lesiones. Quizás salgas caminando de la colisión con algunos dolores menores para que unas horas después aparezcan los hematomas, las náuseas, los mareos y el dolor.

Más aun, puede ser que tengas una cantidad de "lesiones invisibles", que en el momento no son evidentes ni para ti ni para quien sea que esté tratándote, a saber:

Daño en órganos: Las lesiones internas son generalmente las más difíciles de sobrellevar. Su efecto puede ser traumático. En muchas colisiones frontales, el cuerpo del conductor golpea con fuerza contra el volante. Esto puede generar una fractura de costillas, que a su vez puede perforar un pulmón, aunque el único signo visible de todo esto sean algunos hematomas. Una vez tuvimos un paciente que había sobrevivido a un choque de frente y fue dado de alta del hospital ese mismo día. Dos semanas después estaba de vuelta allí —esta vez internado por cinco días— con un hemotórax. La cavidad pleural en su pecho se había llenado lentamente de sangre en el transcurso de esas dos semanas, porque los médicos no habían detectado ningún sangrado interno. Tu hígado y riñones también son susceptibles de sufrir daños en un accidente de automóvil, ya que ninguno de estos órganos está protegido por huesos. El daño renal es una consecuencia frecuente en accidentes de tránsito y puede provocarte un intenso dolor, náuseas y hasta desmayos.

Lesiones cerebrales traumáticas: Comunes también en accidentes automovilísticos, incluso en las colisiones más insignificantes de golpe en el guardabarros. De hecho, la medicina moderna se está dando cuenta de que la lesión cerebral traumática leve (mTBI, *por sus siglas en inglés*) no diagnosticada, generada en accidentes automovilísticos, está alcanzando niveles epidémicos. Los síntomas incluyen: náuseas, vómitos, dolores de cabeza crónicos, falta de memoria, insomnio y convulsiones. Cualquier "confusión", laguna mental rápida o incapacidad para recordar (llamada también amnesia focalizada) puede ser parte de una lesión cerebral de este tipo. Los médicos siguen capacitándose sobre estas lesiones, pero sabemos que puede haber una mTBI, aunque no existan lesiones craneales. La misma fuerza de la colisión puede hacer que el cerebro golpee contra el hueso dentro del cráneo. El automóvil y tu cabeza se detienen, pero tu cerebro continúa moviéndose hasta que golpea contra ese hueso dentro tu cráneo. En los primeros momentos pueden aparecer hematomas o un sangrado indetectables en los primeros momentos. Hablaremos de cómo determinar y documentar las lesiones cerebrales traumáticas más adelante en este capítulo, cuando tratemos el tema "Exámenes médicos necesarios". Cualquier lesión cerebral traumática leve cuesta MUCHÍSIMO dinero. Nunca pienses, lo superaré. Si tu cónyuge, o esa persona especial, te dice que tu comportamiento, humor, semblante, memoria o cualquier otro tipo de conducta tuya cambia después de un accidente, tienes que someterte a estudios para ver si existe una lesión de esta clase.

Daño en los nervios: Las lesiones en los nervios están clasificadas según el nivel de gravedad, que va desde una neurapraxia, la forma de lesión más leve, hasta una avulsión de plexo braquial, que es cuando se corta la raíz del nervio y se desprende de tu columna vertebral. El latigazo es un tipo de daño en los nervios que provoca que tu cabeza se mueva para atrás y para adelante, estirando o pinzando los nervios. Aun las formas más leves de daño en los nervios pueden demorar meses en sanar. Algunas, nunca lo hacen.

Las lesiones citadas son sólo algunas de las lesiones ocultas más comunes. Otras, incluyen hernias de disco, síndrome compartimental, desgarro del manguito rotador, desgarro del labrum en tu hombro o cadera, esguinces y desgarros del hombro, así como también daño cerebral.

Consultar al médico adecuado

Después de un accidente de automóvil puedes ir a ver al médico de atención primaria, pero es mejor que vayas al hospital o a alguna institución médica para urgencias. Existe un componente emocional que se expresa al acudir a un hospital. La mayoría de las personas no van, salvo que sientan miedo. Nadie va al hospital simplemente porque es divertido. Por lo tanto, al ir al hospital exteriorizas una preocupación o inseguridad por cómo te sientes a raíz del accidente.

No recomiendo ir a un médico de atención primaria. Ellos no tratan las lesiones de manera adecuada. Si uno de mis clientes va a ir a su médico de atención primaria en lugar de ir al hospital, me gusta hablar con el médico antes de que vea a mi cliente para que sepa qué es lo que queremos determinar con la consulta.

Algunas personas con seguro de salud o una cobertura de la Organización para el Mantenimiento de la Salud (HMO, *por sus siglas en inglés*) pueden creer que primero deben ir al médico de atención primaria. Pero tal como detallamos en el capítulo dos, la mayoría de los estados tienen una póliza PIP o MedPay que te permite contar con que tus gastos iniciales de atención médica estarán cubiertos por otros medios y no por tu póliza de seguro de salud. Debes alejarte del médico de la cobertura HMO, porque están entrenados para comportarse de la forma más conservadora posible. Muchos de ellos reciben remuneraciones a cambio de asegurarse de que tú no visites a especialistas que cobran honorarios muy elevados por sus consultas. Si vas al hospital, allí pueden derivarte a un especialista y así puedes evitar ir al médico de atención primaria.

Si te derivan a un neurólogo, ortopedista, quiropráctico o alguno de este tipo de especialistas, investiga un poco antes de elegir. Busca un médico que tenga experiencia en casos de accidentes automovilísticos. Busca alguien que normalmente atienda víctimas de accidentes, porque son ellos quienes entienden el juego, saben cómo trabajan las compañías de seguros y lo que deben escribir en una historia clínica para probar que hubo lesión. Ellos entienden cómo documentar una lesión de manera tal que una aseguradora la reconozca y valore. Existen médicos que se especializan en eso. Encontrar un buen profesional con vasta experiencia es importante. Él comprenderá que debe examinar el estado de salud general del paciente y poner por escrito los resultados de cada uno de los detalles que indique el paciente sobre su lesión. El médico sabe qué preguntar para conseguir las respuestas correctas que le permitirán realizar su diagnóstico. A fin de asegurarse de cuáles son las lesiones, el profesional no se basará sólo en lo que el paciente manifiesta. Tal como indiqué previamente, una mujer mayor con un poco de incontinencia posterior a un accidente puede pensar que se debe a un cuadro nervioso, pero el médico sabrá que debe constatar si existe algún tipo de lesión en la columna vertebral. Contar con una acertada valoración médica por escrito de las primeras consultas permite al médico revisar esas anotaciones semanas después y mostrar cómo el paciente expresó el comienzo de una lesión que ahora demanda una intervención quirúrgica para resolver el problema en avance. Las etapas iniciales de esa lesión fueron captadas por este hábil médico en las primeras consultas. El profesional puede ahora mirar la historia clínica del paciente y los estudios médicos, y decir: "Esto es lo que le ocurrió y esto es lo que le espera en el futuro". Necesitas alguien que pueda comprender de manera holística y describir cómo este accidente afectó negativamente la salud de este ser humano.

Un ejemplo perfecto son las lesiones en la columna vertebral. Tu columna está compuesta por huesos denominados vértebras, asentadas sobre almohadones, entre ellos denominados discos intervertebrales. La capacidad de moverse y flexionarse con tanta facilidad está dada por esos discos. El disco está compuesto por dos partes básicas: la parte interna, conformada por un material gelatinoso denominado núcleo pulposo, y una parte dura que contiene la gelatina conocida como anillo fibroso. El anillo fibroso es parecido a un neumático radial con pequeños cordones que rodean y envuelven fuertemente la gelatina que está dentro como si fuera una pelota dura. El almohadón permite la flexión y el movimiento de las vértebras.

Sin embargo, en un accidente de automóvil, la cabeza puede moverse hacia adelante y hacia atrás tan rápidamente como para causar que los huesos de la vértebra atrapen una parte del anillo y generen un pequeño corte llamado desgarro anular. Eso por sí solo causará algo de dolor, pero con el paso del tiempo, tal vez cuatro o cinco semanas, el núcleo pulposo empieza a derramarse y a tocar los nervios de la columna. Eso genera un dolor espantoso, debilidad, entumecimiento y problemas relacionados. Un buen médico documentará desde el principio la posibilidad de que exista esta lesión. Entonces, cinco semanas después, cuando comiencen a aparecer la debilidad y el entumecimiento, no será ninguna sorpresa ni podrá decirse que se trata de una nueva lesión fingida. Será el resultado esperable de una lesión generada por el accidente. Habrá que realizar una resonancia magnética, donde se observará con claridad la hernia de disco. La necesidad futura de una cirugía también estará bien documentada. Así, el caso cierra en una historia perfecta. El ajustador estará agradecido de contar con la información médica bien documentada y la póliza será pagada en el momento correspondiente. ¡Fin!

No obstante, todo eso requiere que encuentres muy buenos médicos. Cuando se trata de la documentación necesaria para presentar como prueba en un caso legal, el campo médico tiene algunas prácticas cuestionables. A fin de evitar la mala praxis, muchos médicos sólo registran lo mínimo indispensable para mostrar que atendieron a alguien y que el paciente evolucionó positivamente. Así es como dan de alta a la víctima con una lesión y aniquilan un futuro caso de lesiones personales. Todo gracias a su pésimo registro de la documentación necesaria.

Los quiroprácticos, por el contrario, trabajan de otra manera. Entienden el juego de los seguros de automotor y defienden a sus pacientes. Si no sabes dónde dirigirte para recibir tratamiento médico, por lo general, no te equivocarás si empiezas comienzas con un quiropráctico que te derive al ortopedista o neurólogo adecuados. Los quiroprácticos saben que muchos de sus casos surgen como consecuencia de accidentes automovilísticos y casos de resbalón y caída, por eso están muy atentos a las necesidades de los pacientes que entran dentro de esta categoría. Te tratarán y darán lo que necesitas para que puedas cobrar tu dinero y pagarle a ellos el tratamiento. Muestran empatía respecto de tu situación y todo lo que estás atravesando porque están acostumbrados a ver estos casos todo el tiempo.

Un ejemplo: un paciente que busca tratamiento quiropráctico después de haberse lastimado el cuello en un accidente de automóvil puede requerir estudios de diagnóstico adicionales que tal vez otro paciente, con la misma lesión, no necesite.

Supongamos que un paciente llega a la consulta con un dolor de cuello que surgió después de que estuviera trabajando en la construcción de su terraza; otro paciente llega a la consulta con dolor de cuello generado después de un accidente automovilístico: mismo dolor, mismo lugar, mismo nivel de lesión. El quiropráctico trata a ambos pacientes en forma idéntica y, cuatro semanas después, ambos siguen sintiendo rigidez en sus cuellos pero están mejor y disfrutan el poder moverse un poco mejor.

Probablemente, el hombre que estaba con la construcción de la terraza deba recibir tratamiento unas semanas más, antes de ser dado de alta y poder volver a terminar de construir esa terraza.

El paciente que estuvo en el accidente necesitará realizarse una resonancia magnética a las cuatro semanas. En la mayoría de los casos, las TC no muestran lesiones agudas —el tipo de problemas que se pueden detectar mediante una TC requiere de cierto tiempo para desarrollarse—, pero esta TC muestra que hay una protrusión discal. Ahora tienes una lesión objetiva que puedes asociar con el accidente de auto e incluirla en tu carta de demanda para la compañía de seguros. La documentación de esta lesión es una de las maneras en las que un quiropráctico te será de gran ayuda. La TC no hará que recibas un tratamiento distinto, pero sí funcionará como si fuera una fotografía de tu lesión. Sí, es una fotografía costosa, pero valdrá cada centavo pagado cuando estés negociando un acuerdo por un caso de lesiones.

En la actualidad, los mejores quiroprácticos se siguen capacitando y ganando experiencia en términos de lesiones cerebrales traumáticas. Cada vez las tienen más en cuenta y las documentan en caso de detectarlas. La mayoría de los médicos ni siquiera prestan atención a este tipo de lesiones. Sin embargo, hoy en día una lesión cerebral traumática leve es una lesión muy común y, a su vez, grave, generada en muchos accidentes automovilísticos. Las personas que sufren este tipo de lesiones merecen recibir una compensación tanto por las pérdidas económicas, como por las consecuentes pérdidas no económicas.

Asimismo, cada vez más ortopedistas están comenzando a desarrollar cierta sensibilidad respecto de los casos de accidentes, tal como lo hacen los quiroprácticos. Antes los ortopedistas solían vivir en un mundo independiente, en el que podían llegar a decirte: "No me importa dónde ocurrió la lesión: solo permíteme curarte el brazo facturado". Muchos se mostraban petulantes y distantes. Pero como el mundo de la medicina se ha vuelto cada vez más competitivo, los médicos han perdido un poco de prestigio al permitir que las aseguradoras se hicieran cargo de las prácticas médicas. Los ortopedistas han buscado nuevos caminos para recuperar su independencia y, aun así, poder ganar mucho dinero. Las lesiones personales se han convertido en uno de esos caminos. Pueden ganar en una cirugía por un caso de lesiones personales dos o tres veces lo que ganarían en un caso de seguro privado. Así es como de pronto, ahora prestan más atención y dedican más tiempo a evaluar a las víctimas de lesiones personales.

Documentación de daños

Al calcular tus daños económicos, tienes que tener en cuenta el lucro cesante, todas las facturas médicas y los costos de tratamientos médicos, así como también tus futuras cuentas médicas. Para hacerlo, no puedes permitirte caer en manos de un médico conservador, a favor de la defensa. Existen médicos que arruinarán irremediablemente tu caso.

Algunos profesionales de la salud tienen un prejuicio interno contra los pacientes lesionados en accidentes de automóvil que están buscando obtener una compensación legal. Por naturaleza, desconfían de este tipo de pacientes porque los ven como el mismo tipo de personas que entablan demandas por mala praxis médica. No les agradan las personas combativas y por el solo hecho de que tú estás involucrado en un accidente de coche, te ubican en esa categoría. No sienten *rachmones* (palabra yiddish que significa compasión o empatía) por ti.

Tienes que saber que este tipo de médicos existe. Conozco varios. A cada persona que visita la consulta de uno de estos profesionales en un caso de compensación para trabajadores, se le indica con frecuencia volver de inmediato al trabajo. "Oh, ¿te torciste la muñeca? Vuelve al trabajo." "¿Tienes una hernia de disco en la columna y no puedes sentir tus dedos? Vuelve al trabajo".

Las compañías de seguros y los abogados defensores adoran a este tipo de médicos y les mandan a la mayor cantidad de gente posible para que los consulte. Por naturaleza, estos doctores tienden a ser extremadamente conservadores y desconfiados de cualquiera que se haya lesionado en un accidente de trabajo, accidente automovilístico o accidente por resbalón y caída, y siempre encuentran un nicho en la realización de evaluaciones médicas para las aseguradoras. Ganan fortunas de esta manera.

La compañía de seguros puede enviarte a hacer un Examen Médico Obligatorio (CME, *por sus siglas en inglés*). A veces, se los denomina Exámenes Médicos para la Defensa (DMEs, *por sus siglas en inglés*) y otras veces, se los llama erróneamente Examen Médico "Independiente" (IME, *por sus siglas en inglés*). Este último término es absolutamente engañoso porque estos exámenes difícilmente pueda decirse que son independientes. La compañía de seguros es quien paga al médico por examinarte e informarte cuál es tu problema. Inexplicablemente, estos doctores rara vez descubren que tienes, en efecto, alguna cuestión de salud. Las compañías de seguros les pagan bien por este tipo de exámenes. Es un nicho muy lucrativo: conspirar, como médico, con una aseguradora importante para engañarte y que no cobres la compensación que mereces.

Antes de elegir un médico, asegúrate de que no se encuentre en la lista de los que realizan exámenes obligatorios para las compañías de seguros. Estos profesionales reciben grandes sumas de dinero por realizar cada año cientos de evaluaciones a los demandantes y presentar un informe sobre si la lesión fue o no causada por el accidente. Créeme, he sido testigo del daño que pueden causar.

Tuve un caso en el que representé a un maestro de inglés y entrenador de fútbol de treinta y dos años de edad, que trabajaba en nuestra escuela secundaria local. Iba a la escuela todas las mañanas en su bicicleta. Después de la escuela, se ejercitaba andando en bicicleta otras diez o veinte millas más. Estaba en gran estado físico y se sentía en la cima del mundo.

Un día, una mujer de ochenta y tres años no lo vio y lo atropelló, aunque él estaba circulando por la senda para bicicletas. Salió despedido y aterrizó sobre su cabeza, cuello y hombro, y luego sobre su espalda. Con el tiempo, debió someterse a una cirugía de cuello y tres intervenciones quirúrgicas en su hombro, pero el médico de exámenes médicos obligatorios que lo examinó indicó que la necesidad de cirugía de mi cliente había surgido del daño que se había producido jugando al fútbol quince años atrás y no por ser atropellado por un automóvil.

Cuando tomé su declaración, el médico admitió que el año anterior había recibido $450.000 de parte de la compañía de seguros de la anciana para realizar una serie de este tipo de exámenes. Al final terminamos cobrando una compensación importante para nuestro maestro, pero el caso es un típico ejemplo de cuán hipócritas estos profesionales que se dedican a realizar exámenes médicos obligatorios pueden llegar a ser. Como no le ofrecen al demandante ningún tipo de asesoramiento o tratamiento, nunca están en riesgo de ser juzgados por mala praxis. Todo abogado que se ocupa de los casos de los demandantes conoce las listas de su comunidad donde figuran los médicos que trabajan para aseguradoras. Cerciórate de no estar recurriendo a uno de ellos. Si tienes dudas, llama a la consulta del médico antes de comenzar el tratamiento y pregunta: "¿Se ocupa el doctor de examinar lesiones para compañías de seguro? ¿Puede ser que realice exámenes médicos independientes (IMEs, *por sus siglas en inglés*), exámenes médicos para la defensa (DMEs, *por sus siglas en inglés*), o exámenes médicos obligatorios (CMEs, *por sus siglas en inglés*)?".

Existen distintas maneras de defenderte ante este tipo de situaciones. En nuestro estudio, cuando un cliente tiene que ir a realizarse una evaluación médica con un doctor que trabaja para una aseguradora siempre concertamos una cita también para que nuestro propio médico examine previamente a nuestro cliente. Nuestro médico registra que tienes espasmos, dolores de tipo radicular en tu lado derecho, un dolor nivel seis en una escala de diez y, además, que sufres de dolores de cabeza y trastornos de memoria. El médico de la compañía de seguros no observa nada de todo esto. Ambos realizan los exámenes médicos independientes, pero uno de ellos respalda todo lo que se registró en la historia clínica y decide que tus lesiones son importantes, mientras que el otro médico sostiene que no halló nada y no presentas ninguna lesión. Puedes recurrir a tu propio médico para que realice este tipo de examen a fin de contar con pruebas y respaldar tus argumentos. Puede ser que jamás vayas a un tribunal, pero igualmente te estarás protegiendo.

Exámenes médicos necesarios

Muchos casos de lesiones por accidentes automovilísticos dan un giro a partir de los resultados obtenidos en exámenes médicos. El examen de referencia en muchas lesiones es la resonancia magnética (MRI, *por sus siglas en inglés*). Una resonancia utiliza un campo magnético y ondas de radio por computadora para crear imágenes detalladas de los órganos y tejidos blandos de tu cuerpo. Esto incluye la columna vertebral y los discos intervertebrales; las articulaciones, como rodillas, hombros y caderas; y otras partes del cuerpo que cada vez se está logrando visualizar mejor en una MRI. Existen ciertos tipos de resonancias magnéticas especiales llamadas imágenes con tensor de difusión por resonancia magnética para lesiones cerebrales (DTI/MRI, *por sus siglas en inglés*) y un nuevo escáner PET, además de exámenes por combinación de resonancias magnéticas, que revelan todo tipo de imágenes únicas e interesantes. La resonancia magnética usa el magnetismo para crear el escaneo, por lo tanto, no existe exposición a radiación, efectos adversos o dolor en el cuerpo.

Por otro lado, las radiografías muestran daños en tejidos duros, por ejemplo, huesos fracturados o dislocados. Actualmente, éstas son económicas, digitales y utilizan mucha menos radiación de la que necesitaban en el pasado. Si tienes una lesión en el cuello, una radiografía podría demostrar que ha perdido su curvatura natural. Con este tipo de condición, llamada lordosis, tu cuello adopta una postura recta antinatural. La pérdida de esa curvatura indica que los músculos de tu cuello están sufriendo espasmos y se están poniendo rígidos para evitar una lesión. Ese es un resultado objetivo, ya que está fuera de tu control y es, además, una clara señal de dolor y lesión.

Además de la pérdida de lordosis y la fractura de huesos, las radiografías también pueden exhibir articulaciones dislocadas, fragmentos óseos y algunas lesiones internas. No obstante, existen límites a lo que se puede ver a través de los rayos X.

La resonancia magnética brinda más información que una simple radiografía y se utiliza con mucha frecuencia en los casos de accidentes automovilísticos porque permite ver los tejidos blandos y los discos dorsales. Este tipo de estudios funcionan porque cada célula de tu cuerpo tiene un polo positivo y uno negativo, y mientras yaces en el campo magnético de una máquina de resonancia magnética, las células normales se alinean, mientras que las células enfermas o lesionadas no lo hacen. Las ondas de radiofrecuencia generan las imágenes.

Aunque a las compañías de seguros les encante decir que tus lesiones se produjeron antes o después de tu accidente vehicular, las resonancias magnéticas son la única herramienta con la que cuenta el demandante para probar que la lesión al tejido blando afectado se originó en el accidente. Una buena resonancia, con un buen tratamiento médico y una buena correlación clínica pueden demostrar que tus lesiones fueron resultado directo del accidente. Ello puede fortalecer significativamente tu caso si utilizas la resonancia magnética, junto con un informe del accidente que documente el ángulo y la velocidad del choque que sufriste. Las resonancias magnéticas aportan también información que los médicos necesitan para decidir tu tratamiento. Recuerda, por lo general, los accidentes automovilísticos causan daños ocultos y micro lesiones que comúnmente pasan sin ser detectadas. Este tipo de estudio puede incluso revelar si el dolor, o el entumecimiento, generado por una lesión se ha irradiado a alguna otra parte del cuerpo.

Además de hernias de disco o discos lesionados, las resonancias magnéticas también revelan si existen tendones o músculos desgarrados, daños en cartílagos, lesiones en órganos o daños en tejidos blandos que no aparecerían si se realizara una radiografía. Puede que tu médico quiera ordenar una tomografía computada, que permite ver el cuerpo en 3D mejor que una radiografía y, a su vez, es más económica que una resonancia magnética. Sin embargo, le falta el nivel de detalle que proporcionaría esta última.

Generalmente los médicos esperan algunas semanas antes de indicar la realización de una resonancia magnética para que el daño sufrido en el accidente tenga tiempo de manifestarse y ser detectado. Mientras tanto, es conveniente pedirle a tu doctor que indique en tu historia clínica que sospecha que existe un problema y quiere intencionalmente demorar la resonancia magnética para permitir que pase el tiempo necesario para que ese problema pueda ser detectado. De este modo, si tu resonancia magnética revela algún problema semanas después, el ajustador de la compañía de seguros del conductor culpable no podrá rechazar la prueba y establecer que, seguramente, has sufrido esa lesión en algún otro momento después del accidente.

Una resonancia magnética realizada antes de tiempo puede perjudicar tu caso. Por ejemplo, si tienes un desgarro en el anillo de un disco, el interior de tu disco, denominado anillo pulposo, probablemente no haya comenzado a derramarse a través de la fibrosis anular como para mostrar la protrusión de este material dentro del área de tu columna vertebral. Esa lesión no va a verse justo después del accidente, por lo tanto, si te hacen una resonancia magnética inmediatamente, esta lesión no aparecerá. La compañía de seguros del otro conductor podría aprovechar eso y decir que no sufriste heridas, y si el caso termina en juicio, el jurado puede llegar a coincidir.

Un buen médico sabrá esto y te aconsejará esperar unas semanas. Así, tendrás una resonancia que muestre claramente la lesión, y no una en la que no aparece y no tendrás que explicar qué es lo que ocurrió con esa resonancia magnética realizada antes de tiempo.

Lesiones cerebrales traumáticas

El término *lesión cerebral traumática leve* es el término más absurdo del lenguaje, desde que se inventó el de *camarón gigante*. Una lesión cerebral traumática leve es cualquier cosa menos leve. La más pequeña lesión cerebral puede incapacitar a una persona de por vida. Si te sientes preocupado después de un accidente, deberías hacerte exámenes para detectar si existe alguna lesión cerebral. Para darte cuenta, presta atención a tu humor y ánimo. ¿Sientes dolores de cabeza incapacitantes y persistentes, mareos, pérdida del sentido del humor, están apareciendo cosas nuevas que te ponen nervioso/a o sientes tu mente embotada? Las lesiones cerebrales deber documentarse en el transcurso del tiempo. Debes alentar a tu esposa, marido, hijos o mejores amigos a que compartan contigo lo que observan sobre tu comportamiento. Puede ser que seas muy consciente de que existe un cambio en tu conducta, pero seguramente lo atribuyas al dolor físico y no a una lesión cerebral. Necesitas entregarle a tus seres queridos una lista de control y decirles: "Díganme si notan que me ocurre algo de todo esto". Encontrarás que hemos incluido en el apéndice una exhaustiva lista de control.

Debes documentar esta lesión cerebral. Cuéntale a tu médico sobre cualquier tipo de síntoma preocupante. Infórmale cuando tu esposa diga que ya no puede soportar vivir contigo porque contestas mal por ninguna razón y has perdido el sentido del humor. O puedes pedirle a tu esposa, o pareja, que vaya contigo al consultorio del médico para explicarle lo que está ocurriendo. El punto aquí es que necesitas que todo esto forme parte de tu historia clínica. Se trata de una lesión que no fue tu culpa y, al igual que una lesión física, tienes derecho a una compensación.

Si sospechas que puedes tener una lesión cerebral, consigue que te deriven a un neuropsicólogo o neurólogo. Estos especialistas pueden realizar exámenes neuropsicológicos de conducta y descubrir si existe daño. Si el médico también sospecha de que tienes una lesión cerebral, puede pedir que te realicen más estudios neurológicos del cerebro. Estos estudios no son económicos, pero son necesarios para probar una lesión cerebral. Se están desarrollando otros exámenes más sofisticados, como ser una tomografía PET o un combo de tomografías SPEC, DPI y TC, que permiten ver en tiempo real cómo reacciona tu cerebro a los estímulos. Esa tecnología sólo está disponible en alrededor de diez ciudades de los Estados Unidos.

En el país, lamentablemente, las lesiones cerebrales no diagnosticadas están a un nivel considerado epidémico. De acuerdo con un informe que leí, cerca de 1,7 millones de personas sufren una lesión cerebral traumática por año, muchas de las cuales son resultado de accidentes automovilísticos. La lesión cerebral traumática leve es la más extendida y menos diagnosticada en el mundo de los automotores. Existe una verdadera necesidad de contar con exámenes rápidos, precisos y confiables para detectar este tipo de lesiones.

La mayoría de ellas terminará sanando. La gente también aprende a vivir con su lesión y empieza a contrarrestarlas con la generación de nuevas neuronas para compensar. Finalmente, se curan solas.

No obstante, la lesión estuvo allí en un momento dado, y muchas víctimas de accidentes no lo mencionan porque no tienen ningún tipo de documentación para sustentarlas. Pero agregaría valor a tu caso si hablas sobre una lesión así y consultas a médicos que puedan diagnosticarla y registrarla en tu historia clínica.

Lo que quiero decir con todo esto es que si estás intentando llegar a un acuerdo tú solo en un caso de accidente automovilístico, sin representación legal, debes tener en cuenta la posibilidad de que hayas sufrido una lesión cerebral traumática. Si así fue, el caso podría volverse más significativo de lo que imaginas y tal vez ahora sí necesites un abogado. Si has sufrido una lesión cerebral traumática, cualquier pago acordado inferior a $100.000 es insuficiente. Puede resultar imposible que consigas un mejor acuerdo sin algo de ayuda.

Imaginemos que te lesionas en un accidente, y el conductor responsable tiene un seguro por responsabilidad civil por lesiones corporales de $100.000. Tú sospechas que tienes una lesión cerebral traumática, pero el ajustador del seguro te está ofreciendo negociar y cerrar el caso por $7.500. Deberías contratar a un abogado y tratar de obtener de la aseguradora entre $75.000 y $100.000.

Si bien la lesión es real puede resultar difícil convencer a la compañía de seguros, o al jurado, de que mereces ser compensado por ello. Eso se debe a que las lesiones cerebrales, en la mayoría de los casos, no ocasionan dolor físico. No se expresan a través del dolor. Todavía puedes ir de compras, al cine con tu esposa y también podrás seguir adelante con tu vida. Es difícil documentar qué es lo que no está bien y, por este motivo, resulta muy complicado probar estos daños ante un jurado. Las compañías de seguros saben esto y, por lo general, no te compensarán por ello de manera justa.

Pago de tus facturas médicas

Si has resultado lesionado en un accidente automovilístico, seguramente tengas que empezar a incurrir en gastos médicos inmediatamente. Para pagar todos estos gastos médicos, tienes que servirte del mejor seguro disponible para ti. Ese seguro no siempre será tu seguro de salud común.

El primer seguro a considerar es el de compensación para trabajadores. Si el accidente tuvo lugar mientras estabas trabajando o haciendo algo dentro del alcance de tus responsabilidades laborales, primero tienes que recurrir a la compensación para trabajadores. Esta compensación se rige y cobra según el estado en el que vivas. Aunque, en términos generales, si el accidente ocurrió mientras tú estabas en el trabajo y tu empleador tiene seguro de compensación para trabajadores, debes actuar rápidamente. Tienes que informar del accidente; tu empleador debe indicarte cuáles son los trámites y las pautas a seguir, y él debe presentar un reclamo con la compañía de seguros sin demora. En tanto, tú debes presentar un reclamo formal de compensación para trabajadores.

Una vez que tu reclamo fue presentado, la aseguradora lo aceptará o rechazará. En el caso de que lo apruebe, te harán una oferta de pago. Esta oferta se estructura de modo tal de cubrir tus gastos médicos, pagos por discapacidad y lucro cesante. Esto puede ser a través de un pago en cuotas o en un único pago por el monto total. En el caso de que la compañía rechace tu reclamo, puedes pedirle que reconsidere y revise su decisión, o bien, puedes apelar formalmente dicho rechazo.

El próximo tipo de cobertura al que tienes que recurrir para cubrir tus gastos médicos es tu propia póliza de automotor. Muchos estados exigen a los conductores tener un seguro de protección contra lesiones personales (PIP) o un seguro MedPay. Esos son los que debes usar en una primera instancia. Generalmente esto es fácil de hacer, pero estos fondos suelen agotarse bastante rápido, según la cobertura requerida por tu estado. Por ejemplo, Florida exige una cobertura de por lo menos $10.000 en seguro PIP, mientras que Oregón requiere uno de $15.000.

Si no tienes seguro PIP, probablemente tengas una cobertura MedPay en tu póliza de seguro de automotor. MedPay es simplemente otro tipo de seguro para cubrir gastos médicos. Esta cobertura también puede terminarse con rapidez si tus lesiones son graves.

Si no cuentas con un seguro PIP o MedPay, o si esas coberturas se agotaron, entonces debes recurrir a tu póliza de seguro de salud para pagar tus gastos médicos.

Algunas personas responden emocionalmente según sus principios ante la perspectiva de tener que pagar por sus gastos médicos por un accidente que no fue su culpa y se mantienen firmes y le dicen a la compañía de seguros del otro conductor: "Tú causaste mis lesiones, así que tú deberías pagar por mi tratamiento". Esa actitud es totalmente comprensible, pero el 99,9 por ciento de las veces la compañía del otro sujeto no pagará absolutamente nada. Dirá: "Vamos a esperar hasta que nos digas cuáles son tus lesiones y, entonces, te daremos el total del dinero necesario para cerrar el caso de una sola vez, pero no iremos pagando tus gastos sobre la marcha". En la mayoría de los estados, esta actitud es legalmente correcta y la forma preferida de manejar los reclamos.

Otra forma de pagar tus gastos médicos es mediante la firma de una carta de protección. Conforme a este acuerdo, un médico no te cobrará por sus servicios hasta tanto no hayas llegado a un acuerdo por tu caso; entonces sí puedes pagarle con el dinero recibido de la compañía de seguros del otro conductor. El médico tiene un gravamen sobre tu caso.

Otra opción, pero que no recomiendo, es obtener un anticipo sin recursos sobre tu caso. Básicamente esto significa que pides dinero prestado para pagar por todos tus gastos médicos y le devuelves el dinero a quien te lo prestó —con importantes intereses— una vez resuelto el caso.

Las cartas de protección son una espada de doble filo. La compañía de seguros del otro conductor ve esto como una conspiración entre el paciente y el médico. Insistirán en que la única razón por la cual tu médico encuentra lesiones en tu persona es para poder obtener una parte del dinero que recibas por ellas. La compañía de seguros puede desacreditar la opinión de tu doctor con el argumento de que sólo está actuando a partir de la expectativa de que llegue el día de pago.

Otro aspecto de los pagos de gastos médicos que debes recordar es que existe una ley federal denominada la Ley de Seguridad de Ingresos de Jubilación para Empleados (ERISA, *por sus siglas en inglés*). Esta ley fue establecida para proteger los planes de pensión y retiro de los empleados contra el peligro de inversiones riesgosas por parte de los empleadores. La ley se amplió para incluir a los seguros de salud de empleados. Esto significa que tu empleador y tu plan de seguro de salud son automáticamente gravados cada vez que el empleado recibe un reembolso por gastos médicos de un tercero.

Supongamos que te atropella otro conductor, entonces recurres a tu propio seguro de salud (conocido como seguro del demandante) para pagar tus facturas médicas. El dinero es reembolsado por la compañía de seguros del conductor responsable del accidente (seguro de responsabilidad civil contra terceros). La ley ERISA garantiza que devuelvas el dinero del demandante una vez que recibiste el pago convenido con el tercero. No tienes la posibilidad de quedarte con ambos pagos. Tu compañía de seguros puede negociar contigo respecto de un gravamen en virtud de la ley ERISA, pero no tendrán mucho que negociar.

Lesiones preexistentes

La mayoría de nosotros hemos resultado lesionados en algún momento de la vida y tenemos las cicatrices para demostrarlo. Algunas veces, un accidente de automóvil puede agravar más estas lesiones ya existentes.

La nueva lesión no debería ser descartada simplemente porque tuvimos un accidente previo. A las personas que se encuentran dentro de esta categoría las denominamos demandantes de mayor vulnerabilidad (*eggshell*) porque tienen más probabilidades de sufrir lesiones en comparación con otra persona sin esa condición preexistente. La ley, sin embargo, te ayuda en este aspecto.

En la mayoría de los estados existe una instrucción que da el tribunal a los miembros de un jurado que establece que sus integrantes no podrán descartar ninguna condición o lesión previa si no pueden diferenciar claramente esa condición preexistente de la lesión actual. Pero la ley no prohíbe a las compañías de seguros intentar desestimarlas. Eso es lo que intentan hacer todo el tiempo. Dirán que estás intentando aprovecharte del sistema y que ese dolor que estás experimentando no es responsabilidad suya.

Esto no es cierto y las compañías de seguros lo saben, pero puede que surja la controversia, especialmente si has resultado lesionado en un accidente de poca intensidad. La compañía de seguros preguntará: "¿Cómo es posible que te hayas lesionado en este accidente? ¡Iban a muy baja velocidad!".

La respuesta sería que tu lesión responde al principio de la mayor vulnerabilidad de la víctima (*eggshell*): "Tenía una lesión previa que hasta este momento no me afectaba, pero ahora, después de que su cliente me embistió, esta lesión se reactivó y siento mucho dolor. Me encontraba aguardando ante el semáforo en rojo sin ninguna necesidad de someterme a cirugía alguna. Luego, su cliente me choca y ahora necesito cirugía. Es tu responsabilidad".

Digamos, por ejemplo, que sufriste una lesión de cuello en 1995, pero que durante los siguientes veinticinco años te adaptaste a tal punto que te permitía jugar al tenis, escalar montañas y hacer largas caminatas con tu familia. Estás disfrutando de la vida y todo va genial. Un día estás en un estacionamiento y un conductor retrocede para salir del lugar donde había estacionado y te choca directamente en la puerta del conductor. ¿Fue un accidente a alta velocidad? No. Probablemente el otro conductor sólo iba a quince millas por hora cuando te golpeó. Pero el impacto hizo que tu cabeza se balanceara bruscamente hacia el costado y esa hernia de disco que tenías en la espalda desde 1995, que había permanecido inerte a una décima de un milímetro de tu columna vertebral, se movió y agrandó por el accidente. Ahora ese disco está justo encima de tu columna vertebral, te está quemando el brazo hasta el punto que sientes como si te estuvieran picando abejas en los tres dedos entre el del medio y el pequeño. Duele tanto que no puedes siquiera cerrar la mano.

Estas lesiones preexistentes no deberían afectar negativamente tu caso, por el contrario, generalmente ayudan a construirlo. Tenías esta lesión desde 1995 y, aunque el médico en su debido momento recomendó una cirugía, no lo tuviste en cuenta y a los seis meses ya te sentías mejor. Entonces ocurre que este otro conductor te embiste y, a partir de ese momento, sí o sí debes someterte a esa cirugía. Si no hubiera sido porque esta persona retrocedió y te chocó, no la requerirías. Independientemente de que noventa y nueve de entre cien conductores no hubieran resultado lesionados en un accidente como ese en el estacionamiento, tú sí lo hiciste. Y la compañía de seguros del otro conductor debe asumir la responsabilidad.

Daños no económicos

Los daños económicos no son difíciles de calcular. Algunas veces contratamos en el estudio a algún experto para que testifique en un caso sobre el total de los daños económicos. Esto no se debe a que sea difícil entender un daño económico; se debe a que es un gran espectáculo llevar a un experto que diga al jurado cuánto vale el caso. Pero ten en cuenta lo siguiente: si el chico de la casa vecina arroja una pelota de beisbol y atraviesa el vidrio de tu preciado e histórico vitraux, el seguro de tu vecino debería cubrir los $10.000 que cuesta reemplazarlo. Si un conductor ebrio se estrella contra un vehículo blindado que transportaba tu cuadro de Picasso y lo destroza, mereces que te compensen por esos $100 millones que pagaste por la pintura. Pero por más preciosas que sean este tipo de cosas, no llegan a serlo tanto como lo es tu salud.

Los daños no económicos, tales como el trauma, las molestias, y la pérdida de disfrute en la vida no son fáciles de medir. No obstante, estos daños son más significativos que cualquier cuestión económica. La ley requiere que tú también seas justamente compensado por cualquier tipo de pérdida de estos activos no económicos. El problema está en que no existe un precio fijo que pueda adjudicárseles.

Cada vez que pregunto a los potenciales miembros del jurado qué es lo que más valoran en sus vidas recibo una de estas dos típicas respuestas: mi salud o mi familia. Puedo preguntar a cincuenta o sesenta personas diferentes y obtendré las mismas respuestas. Cuando lo hago, les digo: "¿Eso significa que nadie tiene un reloj caro? ¿Un lindo auto? ¿Ninguno tiene nada que sea más importante que su salud y felicidad?". La respuesta es unánime: "No, nada es más valioso que eso".

Entonces les pregunto si serían capaces de cuantificar el valor de la pérdida de disfrute, las molestias y el ímpetu vital de una persona. Quiero saber si podrán medir con la misma vara de importancia con la que midieron su salud, felicidad y familia. ¿Alguno de ustedes negará el valor que tiene todo esto? Porque son esos valores lo más importante en este caso.

Muchas personas se incomodan ante esto y yo quiero saber exactamente quiénes son para no elegirlos como miembros de mi jurado. Quiero alguien que sienta que puede asignarle un valor a estos daños no económicos y entienda que se trata de cuestiones de lo más valiosas. Quiero gente que entienda que toda esta tontería económica está por debajo de estos valores. No quiero nadie que se sienta obligado o atado por los daños económicos. Al contrario, quiero que tengan en cuenta esos daños económicos para determinar un valor varias veces superior para compensar a la víctima por todas estas cuestiones que son las que más valoramos en nuestras vidas.

Si tu accidente ha destruido tu psiquis y te ha robado la sensación de bienestar, debes saber que es muy probable que el ajustador del seguro no te ofrezca una compensación justa. Puede que ni siquiera valga la pena que intentes llegar a un acuerdo por tu cuenta. Jamás obtendrás suficiente dinero. Es casi imposible hacer una demanda de esta índole tú solo sin que suene que estás exagerando tus síntomas o intentando ganarte la lotería. Cualquiera que trate de plantear estas situaciones podría parecer como si solo se tratara de quejas y lamentos. Para ser honestos, eso no genera empatía, sino todo lo contrario. También es cierto que muchas personas tienden a minimizar sus propias lesiones. A algunas les cuesta mucho decir: "Estoy herido. Ayúdenme". Esto es difícil como para que alguien por su propia cuenta pueda llegar a convencer a todos de que merece el paquete económico completo.

Sencillamente quisiera decir que necesitas alguien que te defienda, alguien que pueda ganar el caso por ti. Desde el punto de vista emocional, que otra persona se ocupe de tu caso redundará en beneficios para ti y para todos los involucrados en la situación. En un ámbito preliminar a un juicio, los daños emocionales y los daños no económicos son, lisa y llanamente, casi siempre mal pagos. Sólo cuando el jurado escucha sobre tu vida de la boca de tu pareja, o tu hijo, o un colega del trabajo es que sale a la luz el verdadero valor de tu vida.

Cualquiera sean tus circunstancias, protegerte a ti mismo es siempre esencial. Si estás intentando llegar a un acuerdo con una aseguradora después de un accidente automovilístico, tendrás también que trabajar en tus habilidades de negociación para cuando debas tratar con el ajustador del seguro. En el próximo capítulo, te prepararemos para enfrentar esa instancia tan relevante.

CAPÍTULO CINCO
Cómo negociar tu caso

Diez años atrás, los ajustadores de seguros se capacitaban para aprender a evaluar reclamos de lesiones y lo hacían de acuerdo a la idea de las patas de un banco de tres puntos de apoyo. Consideraban lo siguiente:

Responsabilidad: Quién había tenido la culpa o en qué medida cada uno de los conductores había contribuido a la ocurrencia del accidente. La mayoría de las veces, los ajustadores de seguros tienen pruebas —fotos, declaraciones de testigos, videos, declaraciones de los dos conductores e informes policiales— que pueden utilizar para establecer sus conclusiones.

Daños: ¿Hubo lesiones y cuál es su gravedad? Los daños se dividen en daños económicos y daños no económicos. Los daños económicos se componen de las facturas médicas, el lucro cesante, las cuentas por servicio de ambulancia, los estudios de diagnóstico, los costos de cirugía, la rehabilitación y los cuidados posteriores a la cirugía, los futuros cuidados de enfermería y la terapia física. Existe una gran variedad de daños potenciales y, algunas veces, los daños totales pueden alcanzar cifras sustanciales. En los estados en los que se aplica el seguro de Protección por Lesiones Personales (PIP), este cálculo es realmente importante porque, como mencionamos en nuestro último capítulo, en algunos estados los daños al demandante tienen que alcanzar cierto umbral antes de que el demandado pueda accionar contra el conductor en falta.

Cobertura: ¿Cuánta cobertura tiene el conductor culpable? ¿Qué tipo de seguro y alcance de cobertura tiene el conductor lesionado?

Cuando sumamos todos estos factores, el ajustador del seguro del conductor responsable del accidente determinará el mejor curso de acción para llegar a un acuerdo por la menor cantidad de dinero posible. Irá con su supervisor y le dirá: "Este es un accidente por un valor de $150.000. La suma correspondiente a los seguros es de medio millón de dólares, así que creo que podemos resolverlo por un monto de entre $50.000 y $112.000. Eso me gustaría ofrecer por el caso, si me autorizan". En esta instancia, sobre la base de la recomendación del ajustador, la compañía de seguros establecerá una suma que se conoce como reserva. La reserva es un estimativo rápido y deshonesto del probable costo del caso para la compañía de seguros.

Los conductores que han sufrido este tipo de accidentes deben recordar que solo tienen aproximadamente quince días para informar sobre cualquier dato nuevo que pueda afectar el monto de esa reserva. Debes notificar a la compañía de seguros del otro conductor si una lesión demostró ser más seria de lo que inicialmente parecía o si el mecánico descubrió más daños en tu automóvil. A ese plazo de quince días le sigue otro de entre sesenta y noventa días en el que todavía hay tiempo para informar gastos que puedan afectar a la reserva. Después de seis meses es muy difícil lograr que la aseguradora modifique el monto de reserva establecido.

No temas por el hecho de proporcionarle información al ajustador del seguro del otro conductor. Deja que esté al tanto de cada detalle genuino y útil que demuestre la seriedad de tus lesiones o los daños económicos que has sufrido. Si te enteras por Facebook que el conductor que te chocó había sido sometido a una cirugía de cerebro un mes atrás, notifícaselo al ajustador. Ellos quieren contar con todos los datos posibles. Si hay algo que realmente detestan es la incertidumbre y las sorpresas. Quieren evitar que se dicte un veredicto por un monto que supere el límite de póliza. Y desde tu punto de vista, te conviene ponerlos en conocimiento de toda información con la mayor celeridad. Si bien no revelarán cuál es la reserva para tu caso, igualmente es conveniente que te esfuerces al máximo desde el inicio para incentivarlos a que establezcan una reserva elevada.

Por ejemplo, un cliente mío llamado Fabrizzio, quien acababa de sufrir un choque en la parte trasera de su automóvil, me envió las fotos. La verdad no daba la impresión de tratarse de un accidente muy grave. De hecho, ni siquiera el automóvil mostraba grandes daños. Lo más probable es que el ajustador establezca una reserva baja para un caso como este.

Pero existen, en realidad, un par de factores que convierten este caso en uno mucho más importante. Para comenzar, al observar cuidadosamente las fotos del accidente, se puede ver en el automóvil de mi cliente un gancho para tráiler en la parte de atrás, el cual se torció a raíz de la colisión. Eso indica que el conductor en falta golpeó a mi cliente con bastante fuerza, ya que el impacto necesario para doblar un gancho para tráiler es grande y el gancho mismo puede haber evitado que se produjera un daño mayor en la parte trasera del automóvil de Fabrizzio.

Era de vital importancia que el ajustador fuera informado de que mi cliente es un cliente que entra dentro del principio de la mayor vulnerabilidad de la víctima (*eggshell*), ya que tiene una condición preexistente que lo hace mucho más vulnerable a sufrir una lesión en un accidente de estas características.

En 2004, Fabrizzio sufrió un grave accidente automovilístico y fue sometido a una cirugía de cuello. Desafortunadamente, uno de los tornillos que le colocaron en dicha intervención se partió en 2017. Esto muestra la existencia de una situación riesgosa. Un tornillo suelto que podría incrustarse en su columna vertebral y dejarlo paralizado. Sin embargo, su médico le aconsejó no realizarse la cirugía, porque en verdad la intervención era más peligrosa que simplemente vivir con el tornillo averiado. Aunque, eso sí, debía manejarse de por vida con mucha cautela al hacer actividades físicas para evitar que el tornillo se desplazase más cerca de su columna vertebral.

Existen ciertas cosas que Fabrizzio debe asegurarse de informar al ajustador del seguro lo antes posible. Aun cuando el daño a su automóvil puede parecer insignificante, el daño potencial a su salud podría haber sido verdaderamente significativo. Necesitará someterse a determinados exámenes de diagnóstico que otras víctimas de accidentes como este no requerirían, al no tener un tornillo partido cerca de sus columnas vertebrales.

Programas de Inteligencia Artificial en reemplazo de los ajustadores de seguros

No olvides que estoy describiendo un proceso que se implementaba diez años atrás. Actualmente, esto ha cambiado un poco.

Hoy en día, las compañías de seguros confían cada vez menos tareas a las personas debidamente capacitadas para evaluar los aspectos a tener en cuenta en un accidente y utilizan cada vez más la inteligencia artificial (AI, *por sus siglas en inglés*) para determinar el valor de un caso. Las aseguradoras siguen valiéndose de los ajustadores, pero estos han perdido cierta autoridad para actuar. El ajustador de hoy es simplemente un conducto humano que sirve a un programa de software.

Existen tres sistemas de IA que utilizan las compañías de seguros, pero la gran mayoría usa uno denominado *Colossus*: sistema en el que se ingresan datos y se obtienen resultados. *Colossus* revisa los datos de tu caso, pero también toma en cuenta el diagrama completo de lesiones a nivel mundial y todos los veredictos para casos similares emitidos en los últimos años, y así determina el valor del caso. Ese resultado es el que considera el ajustador de seguros.

Las compañías de seguros te dirán que la cifra que determina el sistema *Colossus* no es la definitiva. Según ellas, el programa sirve de guía a los ajustadores, se trata solo de un dato más entre otros.

No coincido. Estoy prácticamente seguro de que las compañías de seguros no están invirtiendo una fortuna por operar y mantener al día sus programas de AI simplemente para cotejar sus cálculos.

Las aseguradoras insisten en que sus programas de AI son meramente para consulta, porque si admiten que así llegan a los montos definitivos, entonces las partes contrarias querrían ingresar al programa, ver los cálculos y examinar la capa de acceso a datos del sistema (*backend*). Si no tenemos esa capacidad, entonces no podemos enfrentarnos a ellos en un caso de mala fe.

Digamos que la compañía de seguros argumenta que no estaba negociando de mala fe, sino que solo estaba siguiendo las indicaciones del sistema *Colossus*. La computadora determinó el valor del caso y los ajustadores siguieron esa pauta. *Colossus* calculó el resultado de buena fe.

En mi carácter de abogado del demandante podría objetar: "¿Cómo sé que *Colossus* está operando de buena fe? Necesito evidencia de ello. Quiero ver la capa de acceso de datos del sistema. Quiero ver todos sus datos, programaciones y cálculos porque no confío en el Gran Hermano".

He hecho esto antes y este tipo de confrontación vuelve completamente locas a las compañías de seguros. "Jamás te daremos nuestros datos", responden. "Nunca te dejaremos ver nuestra programación. Todo eso es confidencial. Es tecnología patentada. Es...es..." y ya para este momento, el ajustador no deja de sentarse y ponerse de pie, apretar las mandíbulas y ruborizarse cada vez más.

Cuando ocurren estas situaciones, la mayoría de los jueces establecen que la compañía de seguros no puede utilizar el sistema *Colossus* para ganar en un caso de mala fe. Debes poder confiar en el juicio humano; por lo tanto, tienes que subir a un ajustador al estrado y hacer que explique por qué se hizo lo que se hizo. No puedes valerte de los resultados de la IA para justificar tus acciones.

¿Qué significa todo esto para alguien que está intentando resolver su propio caso de accidente automovilístico sin un abogado? Quiere decir que tienes que presentar los datos necesarios para el sistema *Colossus* u otro programa de AI, a fin de obtener un resultado mejor que el promedio. Eso implica proporcionar al ajustador de seguros del conductor culpable toda la información disponible:

- Costos de reparación, con los números de parte detallados en una lista y las horas trabajadas en la reparación.

- Gastos médicos, lo que incluye cada fecha de tratamiento con los códigos CPT o de terminología actual de procedimientos para cada uno de los tratamientos y visitas al médico.

- Costos médicos futuros, enumerados en una lista detallada, incluidos los costos futuros de cada parte de la cirugía.

- Cualquier información relacionada con el lucro cesante, incluidos los recibos de nómina y las declaraciones de impuestos.

Cada dato de información que proporciones para ayudar al sistema *Colossus* resultará en una oferta decente. No te sorprendas si la oferta aumenta al intervenir un abogado. Contar con representación legal es un factor para *Colossus*. Quieres brindarle al ajustador todo lo que puedas para que ingrese como dato en el sistema: a mayor cantidad de datos que tenga *Colossus*, mayor será el valor de tu caso.

La información que compiles también deberá ser incluida en tu carta de demanda. Hablaremos de ella más adelante en este mismo capítulo. Cuando el ajustador del conductor en falta recibe tu carta de demanda, te llamará y hará una oferta. Muy probablemente se trate de un monto mucho menor al merecido, pero esta es tu oportunidad para hablar sobre tu accidente con un ser humano y defender tu caso para obtener una oferta mejor.

Cada compañía de seguros se comporta de manera diferente, pero algunas hacen una práctica del hecho de abalanzarse rápidamente después de un accidente e intentar llegar a un acuerdo por un monto mínimo. Algunas compañías harán esto si el conductor no ha contratado a un abogado y si los daños pudieran elevarse fuera de su control. Por eso, el ajustador del seguro te llamará y ofrecerá $5.000 o $10.000 para llegar a un acuerdo sobre tu reclamo. En ciertas ocasiones, resulta sensato que aceptes esa oferta. Pero si has sufrido alguna lesión, es mejor que esperes un poco hasta que hayas buscado tratamiento médico y estés bien informado sobre la verdadera seriedad de tus lesiones.

Tu rol inmediatamente después de un accidente

Tú, como uno de los conductores involucrados, tienes que hacer muchas de las mismas cosas que está haciendo el ajustador del conductor culpable. Tienes que ocuparte de las mismas tres patas del banco: cobertura, responsabilidad, daños.

Mientras el ajustador del otro conductor investiga, tú debes preparar tu propio caso. Debes tomar fotos en el lugar del accidente, obtener declaraciones de testigos, así como también su información de contacto y hacer que el policía que respondió al llamado emita una multa al otro conductor. Debes hablar con el conductor y hacer que se disculpe contigo. Si puedes lograr que la disculpa la haga en un breve video, muchísimo mejor. Cuanto más puedas probar que la otra persona fue totalmente culpable del accidente, más sólido será tu caso. Si te chocaron de atrás porque el otro conductor estaba distraído con su teléfono, trata de lograr que lo admita. Esto abre la puerta a los daños punitivos y realza el valor del caso.

Asimismo, tal vez sea necesario que llames a tu compañía de seguros inmediatamente. Desearán discutir los daños a la propiedad y obtener tu declaración, siempre y cuando no hayas sido tú el responsable de provocar el accidente.

En el caso de que los detalles o la responsabilidad sean un factor de controversia, puede ser que tengas que hacer un poco de investigación adicional y gastar suela. ¿Existe algún negocio cerca? ¿Alguien vio cuando ocurrió el accidente? ¿Tiene alguno de los negocios cercanos cámaras de seguridad que hayan podido registrar el incidente? ¿Había una cámara de vigilancia al momento del accidente en el lugar? ¿Es necesario que presentes una solicitud para revisar ese video?

Tu carta de demanda es el punto cúlmine en la preparación de tu caso. No se trata de algo que te sientas a escribir la misma noche de tu accidente. Por el contrario, se trata de una compilación de todas las comunicaciones y los datos que hayas enviado al ajustador en los días y semanas siguientes al accidente. Recuerda, debes proporcionar todo el tiempo información sobre tu caso al ajustador para que pueda ser ingresada en *Colossus* y aumentar el monto de la reserva.

Mándale al ajustador del conductor en falta una carta preliminar dentro de los cinco días de ocurrido el accidente. Esa carta detallará quién eres, que has sido lesionado, y si has tenido que asistir a un servicio de emergencias médicas o a la consulta de un médico. Podría ser algo así: "Hola, soy Brian. Aquí está el informe policial del accidente en el que su cliente chocó mi automóvil. No fue mi culpa, pero sin embargo he resultado lesionado en consecuencia. Fui al hospital y me dijeron que tengo la muñeca rota. Además, siento dolor tanto en el cuello como en la columna y tengo una rodilla inflamada a tal punto que no puedo caminar ni hacer ejercicio. Iré al ortopedista para ver qué es lo que ocurre y también consultaré con un podólogo por un dolor punzante que siento en el talón". Indica al ajustador el nombre de todos tus médicos y promete enviarle las historias clínicas tan pronto como las recibas. Asimismo, invítalo a ponerse en contacto contigo si necesitara algún tipo de información adicional. En el apéndice del libro se incluye un modelo de este tipo de carta.

A los sesenta días de ocurrido tu accidente, deberías enviarle al ajustador una actualización de los datos. Mándale toda historia clínica adicional que tengas y coméntale cómo sigues sufriendo a causa del accidente. Hazle saber de las necesidades médicas próximas, generadas por el choque. Adjunta copias de todas las facturas médicas y comprobantes de pagos que hayas realizado. Envíale un registro de lo que ha sido cubierto por el seguro PIP. Explícale cómo planeas pagar por los gastos médicos una vez que alcances el límite de tu cobertura PIP. Encontrarás una carta de este tipo en la parte del apéndice.

Al mismo tiempo de que te ocupas de proporcionar la información, también deberás solicitarla. La tercera pata del banco es el cobro; por ende, necesitas saber quién puede asumir los costos del accidente y notificar a quien corresponda que esperas que responda por ese dinero. Esto incluye a tu propia compañía de seguros. Todo el que esté en tu lista de potenciales pagadores tiene que tener la posibilidad de abonar cuando tú se lo solicites, así que debes ponerte en contacto con todos ellos y brindarles información, lo que es siempre mejor que permanecer en silencio.

La carta de demanda

Una vez que hayas organizado tus pagos según el principio de sin culpabilidad, visitado a los distintos médicos y recopilado todas las historias clínicas relevantes y los documentos de la investigación del accidente, estarás listo para preparar la carta de demanda para la compañía de seguros del otro conductor. Esa carta de demanda es tu ultimátum, donde resumes los hechos de tu reclamo, se incluyen todos los problemas consecuentes que has sufrido y el monto que pretendes en concepto de compensación.

El resumen de los hechos consistirá en una lista con todas las lesiones graves y leves, los daños físicos, el desfiguramiento y trauma emocional que sufriste como consecuencia del accidente. Estás presentando tu caso para obtener una compensación, por lo tanto, es vital que escribas una carta contundente, minuciosa y bien estructurada. A continuación, algunas cosas más que debes considerar.

Sólo para negociación de acuerdo

Asegúrate de incluir tu nombre, domicilio y número telefónico, así como también, información sobre tu compañía de seguros, el ajustador, el número de reclamo y la fecha del accidente. En el encabezado de tu carta utiliza un término tal como *Sólo para negociación de acuerdo*. Esto es crucial porque las negociaciones para llegar a acuerdos son consideradas confidenciales y no podrán ser utilizadas en tu contra en el futuro.

Por ejemplo, si escribiste una carta de demanda pidiendo $50.000, pero terminas en juicio y solicitas una compensación de $1 millón, los abogados de la otra parte no podrán utilizar tu carta de demanda y con ella perjudicar tu caso. No pueden apuntar a tu carta frente a un jurado y decir: "Pero Sr. Víctima, el año pasado usted consideraba que solo necesitaba $50.000 y ahora quiere un millón. ¿Realmente sus lesiones son tan serias, si todo lo que pretendía el año pasado eran $50.000?"

Por lo tanto, asegúrate de indicar en el encabezado de tu carta que responde únicamente a los fines de llegar a un acuerdo. Notificar a todos que tu intención es mantener la carta como un asunto confidencial es una forma de protegerte.

Explicación de lo ocurrido

El primer párrafo de tu carta de demanda generalmente es un resumen: "Estuve involucrado en un accidente en la fecha que se indica más arriba, el cual fue causado por su cliente". Asimismo, también querrás escribir sobre cualquier cosa que haya ocurrido antes y después del accidente, que te ayude a darle perspectiva a tu resumen. No dejes de incluir nada que sea central en cuanto a por qué has sufrido daños.

Por ejemplo, la carta de demanda de mi cliente Fabrizzio, sin dudas, revelará que necesita tratamiento médico especial porque tiene un tornillo partido dentro de su cuello. Debido a que se encontraba en tal condición de vulnerabilidad, al ser chocado en la parte trasera de su vehículo, es muy probable que necesite cuidados médicos especializados que otro conductor en igual situación no hubiera requerido. Todo esto debe ser descripto al comienzo de la carta para que el ajustador comprenda las demandas, o los cálculos específicos, que indicarás en el resto de la carta.

Responsabilidad

El siguiente paso en la redacción de la carta de demanda consiste en la responsabilidad. Esta es la parte en la que se indica quién tuvo la culpa. Sería aconsejable que explicaras lo ocurrido en el accidente y por qué el cliente de la compañía de seguros fue responsable de ello. Podrías decir algo como lo siguiente: "Estaba detenido frente a una luz roja en el carril sur que va hacia la calle Liberty en la intersección de Kuebler Drive; cuando la luz cambió a verde avancé por la intersección. Estaba casi por salir de ella cuando su cliente cruzó con luz roja y golpeó contra el panel lateral trasero del asiento del acompañante de mi Ford Taurus. Esto causó grandes daños a mi vehículo e hizo que mi cabeza golpeara contra la ventanilla".

Lesiones y tratamiento médico

Esta parte de la carta de demanda es donde detallas tus lesiones y los tratamientos médicos que recibiste. Asegúrate de incluir toda lesión que te haya sido causada, ya sea dolor físico o emocional. Documenta cualquier tipo de cicatriz u otro tipo de desfiguramiento. Desearás incluir también todo lo que los médicos observaron y los motivos de tus consultas.

Daños

En esta sección es dónde estableces cuál crees que debería ser tu acuerdo de compensación. El valor de algunos de tus daños va a ser claro y preciso, pero otros van a resultar más subjetivos —y lo más probable es que sean objetados. Debes indicar en tu primera demanda el valor más alto que razonablemente puedas y también dejar espacio para negociar el acuerdo. Si realizas una demanda exorbitantemente alta será contraproducente, porque sugiere que no estás negociando de buena fe y que no comprendes bien cómo funciona el proceso. Sea como fuere, pierdes credibilidad ante el ajustador y esto afectará negativamente tus posibilidades de éxito.

Existen tres componentes de daño posibles que querrás incluir en tu carta de demanda:

- Daños económicos
- Daños no económicos, como el dolor y sufrimiento
- Daños punitivos.

Daños económicos

Estos daños son los daños comprobables, cuyo valor es fácil de calcular y documentar. En esta parte de la carta incluye todos los gastos médicos, lo que va desde el traslado en ambulancia que fue necesario, hasta el ibuprofeno que sigues tomando para manejar la inflamación y el dolor persistente. Tu objetivo aquí está en traducir todas estas lesiones y tratamientos que recibiste en gastos, a los fines de que el ajustador pueda ver con claridad la correlación entre las lesiones y los daños.

Debes registrar toda y cada una de las visitas que hagas al médico, hospital o instalación de atención médica de urgencia, cada cita para recibir terapia física, el costo de cada estudio de diagnóstico. Revisa cada cuenta médica y enumera en una lista el código de tratamiento de cada consulta, registra también las notas de tu médico. Si requerirás tratamiento futuro, asegúrate de que el médico lo anote en tu historia clínica.

Además del listado de tus gastos médicos previos, necesitas calcular a cuánto podrían ascender tus gastos futuros. Por ejemplo: si tu médico estima que requerirás cuidados paliativos, los que incluyen una serie de seis sesiones de terapia física en tres períodos del año diferentes, tu cálculo sería algo así: "Necesitaré dieciocho sesiones de terapia física por año durante el resto de mi vida. Si llegara a vivir hasta los sesenta y cinco años, eso significa que requeriré treinta y un años de sesiones. A razón de un costo de $100 por sesión, el gasto total será de $55.800".

Repito, todo esto vale. Cada viaje en Uber que tomaste para ir a la consulta del médico es reembolsable. Si perdiste un depósito de $500 en un viaje en crucero al que no pudiste ir porque no te encontrabas en condiciones para hacerlo; eso es reembolsable.

Asimismo, te conviene incluir el lucro cesante en esta sección de la carta. Esto significa el tiempo invertido en las consultas del médico y en las sesiones de terapia. En el caso anterior, si una sesión de terapia física dura cuatro horas y tú vas dieciocho veces al año durante treinta y un años, y tu sueldo es de $30 la hora; eso representa un total de $66.960.

Daños no económicos

Otra parte de la sección de daños es la correspondiente a daños no económicos, como el dolor y sufrimiento. Esto incluye tu angustia mental, las incomodidades, la pérdida del disfrute en tu vida, el desfiguramiento y tus trastornos físicos. Todos estos son los factores que un jurado podría tener que considerar al decidir sobre tu caso.

¿Qué suma deberías solicitar? No existe una metodología aplicable para llegar a una cifra. Puedes incluir cualquier suma que quieras, en especial porque un jurado puede hacer con ella lo que desee, ya que no están obligados a respetar ninguna cifra específica.

Hace algunos años, la práctica común que se utilizaba para calcular daños no económicos era tres veces el monto de lo obtenido en concepto de compensación por daños económicos. Debías tomar el valor de tu indemnización monetaria, multiplicarla por tres y restarle un tercio, y así determinabas tu indemnización no monetaria. En los últimos tiempos, los daños no económicos en los juicios se han estado equiparando a los daños económicos. Si estás negociando con un ajustador, éste no querrá otorgarte nada por tu pena y sufrimiento. La mayoría de las veces, la oferta inicial que te harán estará muy por debajo de lo que indicaste sobre tus daños económicos documentados, porque los ajustadores consideran que los médicos cobran honorarios demasiado elevados.

Daños punitivos

En determinadas circunstancias, la ley te da derecho a recibir una compensación por daños punitivos o emergentes. Esto se da cuando el demandado estaba ebrio o mandando un mensaje de texto por su celular al momento de provocar el accidente que causó tu lesión. Los daños punitivos son realmente daños punitivos propiamente dichos. Deben ser solicitados luego de que el juez cuente con todos los hechos que demuestran que el demandado actuó en forma intencional al dañar al demandante o que el demandado se comportó de manera negligente respecto de la seguridad de otro ser humano. Los daños punitivos los otorga un jurado como complemento de los daños económicos y no económicos, una vez que estos ya fueron por el jurado.

Una vez tuvimos que demandar a un simpático joven llamado Alexander. Cometió un error y manejó hasta su hotel después de haber bebido demasiadas cervezas. No se detuvo ante un semáforo en rojo y chocó al auto que estaba delante de él, correctamente detenido ante la luz roja. Alex fue acusado de manejar bajo la influencia de bebidas alcohólicas. Nuestra representación legal no incluía la parte penal del caso, pero sí presentamos una demanda en su contra por los daños que el choque causó a mi cliente. Tomamos a Alex su declaración y admitió que había bebido demasiadas cervezas esa noche. Ese hecho nos permitió pedir al juez permiso para añadir un reclamo por daños punitivos. El juez estuvo de acuerdo en que conducir ebrio es una conducta negligente y admitió los daños punitivos en nuestro caso.

Fuimos a juicio. A nuestro cliente le otorgaron $270.000 por todo daño económico y no económico. Luego, pedimos al jurado daños punitivos por tres veces la suma de los daños otorgados. El jurado estuvo de acuerdo y añadieron otros $540.000. La sentencia final fue por más de $700.000. La peor parte de los daños punitivos para todos es que la compañía de seguros no pagará por ellos. El demandado deberá asumirlos y no podrá incluirlos en una declaración de quiebra. Eso hace que estos daños sean terribles para todos. En definitiva: ¡TEN MUCHO CUIDADO con los daños punitivos!

Encontrarás un modelo de carta de demanda en el apéndice al final del libro.

Negociaciones por la carta de demanda

Es muy importante que indiques en tu carta de demanda un plazo. En nuestro estudio jurídico, le damos al ajustador treinta días para responder. Puedes también pedirle que se contacte contigo dentro del mismo lapso de tiempo. Así le darás al ajustador tiempo para revisar tu caso y contactarte con una contra oferta.

Esa contra oferta es la señal de que se ha iniciado el proceso de negociación. Y casi con toda probabilidad, la contra oferta del ajustador va a ser considerablemente inferior a tu oferta inicial. La mejor manera de manejar esto es decirle al ajustador que quieres consultar con tu abogado, o algún otro tipo de asesor, y que volverás a comunicarte con él. Esto te dará un poco de espacio para respirar, pero también te da la oportunidad de discutir la oferta con alguien. Esa persona podría ser un abogado, aunque también tu esposa, amigo o abuelo. Explícale la situación y pídele ayuda para formular tu contra oferta.

Tu primer paso en el proceso de negociación es establecer un rango de acuerdo. ¿Cuál sería para ti el mejor resultado y cuál sería el peor? Una vez que hayas determinado eso, fija cuál es el monto más bajo que estarás dispuesto a aceptar como acuerdo, es decir, ¿qué "oferta final" por parte del ajustador te convencería de que debes abandonar las negociaciones y buscar representación legal? Esta decisión tiene que considerar el factor del costo de contratar a un abogado, el tiempo que será necesario y la probabilidad del resultado final si tu caso fuera a juicio.

Supongamos que otro conductor te chocó en la parte trasera de tu automóvil a la salida de una rampa. Esto generó una lesión en tu cuello que podría no requerir cirugía pero que, ciertamente, requerirá meses de terapia física para sanar. El seguro de responsabilidad civil por lesiones corporales del otro conductor es de $100.000 y tú sabes, gracias a las averiguaciones que hiciste, que los casos de este tipo se cierran en $30.000. Tu carta de demanda pide $40.000, pero lo máximo que el ajustador está dispuesto a ofrecerte son $5.000. ¿Vale la pena contratar a un abogado? Absolutamente. Un abogado conseguirá que te otorguen mínimo esos $30.000, lo que significa que te irás con un monto de acuerdo de $20.000, una vez deducidos los honorarios y gastos de representación legal.

Ahora, si el ajustador te ofrece $20.000 —la mitad de lo que pediste— los cálculos no justifican que contrates a un abogado. Sería lo mismo. En este escenario, $20.000 es el valor mínimo aceptable que estableciste en las negociaciones con el ajustador. Si él te ofrece menos de eso, puedes bajar los brazos de manera convincente y decirle que tu abogado se pondrá en contacto con él para seguir adelante con el caso.

Tácticas de negociación

Un buen asesor te dirá que una negociación exitosa se basa en que ambas partes ganen algo y pierdan algo también. Asimismo, te recomendará que te ajustes a los hechos. Muchas personas creen que está bien usar algún tipo de engaño o truco, o bien mentir descaradamente con cara de póker para obtener lo que quieren. Si un abogado fuera a llevar adelante las negociaciones, las normas del colegio de abogados jamás le permitirían hacer afirmaciones falsas o engañosas durante este proceso. Esas no son técnicas éticas y tú también deberías evitar usarlas.

En lugar de ello, comienza las negociaciones con un firme conocimiento de tu caso. Intenta recopilar la mayor cantidad de información posible y analiza tu reclamo de la misma forma en que lo haría un miembro del jurado. ¿Cuáles son las fortalezas de tu caso? ¿Cuáles son las debilidades? ¿Existe algún factor emocional que pudiera hacer que el jurado emita un veredicto por un gran monto o, por el contrario, que haga que sienta simpatía por el demandado y dictamine una cifra menor? Esto te ayudará a saber en qué aspectos insistir y en qué aspectos ceder —o cuándo interrumpir las negociaciones y recurrir a un abogado.

Existen algunos recursos en línea que podrían ayudarte a poner tu caso en perspectiva y a determinar su valor. *VerdictSearch*, por ejemplo, proporciona herramientas en línea (a cambio de un arancel, aunque la empresa brinda una oferta de juicio preliminar gratis) que te ayudan a estimar daños, analizar las ofertas de acuerdo de las compañías de seguros en casos similares al tuyo e incluso ofrecen una proyección de probabilidad de que ganes tu caso si fueras a juicio. *Thomson Reuters* ofrece su servicio *Westlaw Edge*, que te ayuda a calcular el valor del caso y evaluar si la oferta que recibiste es razonable.

Muchas personas podrían sentir que ya dejaron todo en su carta de demanda y que le quedan pocas municiones como para negociar con el ajustador. Sin embargo, la respuesta que obtengas del ajustador te proporcionará nuevas municiones. En su contestación, el ajustador seguramente objete algunos de tus reclamos o los montos calculados respecto de determinados daños. Concéntrate en esas áreas de disputa y explica, en futuras negociaciones, por qué la cifra que el ajustador está considerando respecto de un elemento determinado es incorrecta.

Recuerda, la negociación lo que realmente busca es resolver conflictos; así que identifica esos conflictos y cuánto estás dispuesto a ceder en relación con cada uno de ellos. Está bien si tienes una mentalidad del tipo: el ganador se lo lleva todo cuando estás en un juicio, pero cuando negocias con el ajustador, tendrás que ceder en algunas cosas, al igual que también tendrá que hacerlo la compañía de seguros. La mayoría de las negociaciones implican una serie de mini negociaciones sobre distintas áreas de desacuerdo.

Armar una agenda donde enumeres todas las áreas de desacuerdo, priorizándolas, te resultará de mucha ayuda. Según algunos estudios, se ha demostrado que las negociaciones son más efectivas cuando ambos lados se ponen de acuerdo sobre cuáles son las cuestiones clave y cómo discutirlas.

Según James Alexander Tanford de la Facultad de Derecho de la Universidad de Indiana: "el regateo exitoso ocurre cuando estás preparado tanto para colaborar como para demandar colaboración por parte de tu oponente". Una forma de lograr esto es responder a la contra oferta inicial del ajustador con una carta que detalle las áreas en las que están en des-acuerdo y establezca una propuesta de agenda y enfoque para discutir cada una de ellas. Al inicio de tu siguiente llamada, puedes sugerir que ambos sigan tu agenda. El ajustador seguramente acepte. Propone un plazo para la sesión de negociación y luego haz el seguimiento de la sesión con un correo electrónico de recapitulación que defina los temas sobre los que lle-garon a un acuerdo y los temas que aún deben seguir discutiendo.

Entre estas idas y vueltas —ya sea por teléfono con el ajustador o a través de comunicaciones escritas— la clave sigue siendo mantener una postura profesional. Prepárate para explicar cómo llegaste a los montos que indicaste, de manera tal que tu oferta de acuerdo demuestre ser razo-nable y no arbitraria. Antes de comenzar las negociaciones es conveniente que, de manera personal y privada, decidas sobre cuáles cuestiones estás dispuesto a ceder y sobre cuáles pretendes mantenerte firme.

Digamos que no pudiste trabajar durante diez semanas. Calculas que a $40 la hora, por cuarenta horas de trabajo semanales, y cinco horas adicionales por semana, perdiste $16.000 de tu salario regular y $3.000 en horas extra. Entonces pides $19.000. Puede ser que estés muy conven-cido respecto de tu salario regular, pero que en tu fuero interno sepas que estás dispuesto a negociar con el ajustador el monto de las horas extra, al considerar que se trata de una especulación. En el caso de que no se trate de una especulación —si, por ejemplo, ganaste igual monto en horas adicionales durante este mismo período cada año durante los últimos diez años— necesitas mostrar al ajustador los recibos de pago de los años anteriores.

Comportamiento durante las negociaciones

Dar rienda suelta a la emocionalidad durante las negociaciones no es conveniente. El ajustador no trata esto como un asunto emocional —para él es sólo un tarea más— y entenderá tu enojo o lágrimas como un signo de que tus emociones están influyendo en la oferta de acuerdo que reclamas, en lugar de pensar que se trata de los cálculos llanos que tanto respetan las compañías de seguros. Por ende, domina tus emociones y mantente directo, minucioso y perseverante. Cuando permites que tus emociones se interpongan en las negociaciones, el ajustador sabe que está ganando la discusión. Trata todo el asunto como si fuera una operación comercial.

Dicho esto, la cooperación es clave. Ambos lados deben estar dispuestos a ceder un poco. Si el ajustador no ofrece ningún tipo de concesión, díselo.

Me considero un gran admirador de Chris Voss, quien fue el principal negociador del FBI durante muchos años. Voss ha analizado algunas claves verbales para ayudar a la gente a convertirse en negociadores más eficaces. El primer truco verbal es hablar con una voz del tipo "voz de DJ de la noche", utiliza tu tono de voz más bajo y calmo. Hablar simplemente bajo y lento hará que el ajustador se sienta más cómodo.

El segundo truco consiste en etiquetar. Las etiquetas son observaciones de detalles verbales que ponen de manifiesto una emoción. Comienzas una oración diciendo, "Pareciera que..." o "Aparentemente..." o "Se siente como si..." y entonces describes el comportamiento observado ante tu oponente. Etiquetar puede servir para superar cualquier cosa que el otro lado no *esté diciéndote sobre el motivo por el cual no están ofreciendo una oferta justa.* Por ejemplo: *Pareciera que no tienes la autoridad como para realmente tomar una decisión respecto de este caso. ¿Tienes un supervisor o alguien que pueda reprenderte?*

Tercero, te sorprenderá saber cuán lejos puede llevarte usar la táctica del espejo. Es simple: solo imita a tu contraparte en su forma de comunicarse. Esto puede ser tan sencillo como usar el mismo lenguaje corporal, si es que pueden verse mutuamente, o repetir las últimas palabras en un tono similar al del otro. Vuelve a decir lo ya dicho, pero como si se tratara de una pregunta. Así, tu tono de voz sonará atento y no agresivo. Simplemente estás escuchando con atención y reflexionando sobre sus palabras.

Aquí existe otro punto importante para mí. Realmente no tenía idea de lo difícil que era lograr que las personas digan que sí. Decir que sí, hace que la gente se sienta incómoda; decir que no, hace que la gente se sienta protegida. Utiliza este conocimiento a tu favor parafraseando tus preguntas para que suenen como si estuvieras diciendo que no. Al hacer esto, creas la ilusión de que el otro lado es el que tiene el control. Puedes preguntar: "¿Es posible que no puedas llegar a un acuerdo y resolver este caso?" "¿Estás intentando evitar un acuerdo?".

El último truco verbal consiste en establecer tú mismo los aspectos negativos de tu caso para que la contraparte no pueda sacarlo a la luz a modo de ataque. Elimina de la mesa de negociación todo punto negativo desde el inicio. Es una forma de posicionar al ajustador de modo tal que no tenga otra opción que negociar. Di algo como lo siguiente al inicio de tu negociación: "Probablemente parezca que estoy siendo poco realista al pedir $100.000, pero creo que esta oferta es un acuerdo justo". Este truco verbal te ayudará a predisponer mejor al ajustador para solucionar tu caso.

Al final, una de tus mayores ventajas frente al ajustador es recordarle que podrías ir y contratar a un abogado. El ajustador no quiere escuchar eso. Si contratas un abogado para representarte, la compañía de seguros va a pagar mucho más de lo que pagarían al negociar de manera justa, pero directamente contigo. Más aun, con un abogado existe la posibilidad de que el caso vaya a juicio y la compañía de seguros no quiere eso tampoco. Un juicio podría resultar en un veredicto del jurado por una compensación sustancial —algo que hace que los actuarios de las aseguradoras presionen con fuerza las teclas de sus calculadoras. Estoy seguro de que dirá algo como: "Bueno, si haces eso, la oferta no cambiará y tendrás que dividir la misma suma de dinero con el abogado".

La clave está en hacer que el ajustador respete el hecho de que sabes lo que estás haciendo. Has leído el libro sobre cómo hacerlo. Entiendes tu caso y sabes cómo trabajan las compañías de seguros. Quieres que el ajustador piense que te está asesorando un abogado porque la forma en que estás negociando es como lo haría uno. Permítele al ajustador sentir la ligera presión e incertidumbre que produce saber que el caso podría terminar en juicio.

Lo que debes evitar

El error más grave que comenten las personas al negociar por su cuenta los acuerdos con las aseguradoras es no obtener el tratamiento médico correspondiente. Minimizan y desestiman sus lesiones al no comprender qué es lo que les está ocurriendo desde el punto de vista médico y qué tipo de problemas podrían resultar en el futuro.

Repito: es vital que documentes tus lesiones de manera adecuada. Esto debes hacerlo de inmediato. Una cosa que un buen abogado aportaría a tu caso es la sabiduría respecto de cómo preparar toda esa documentación médica correctamente.

Otro error es permitir que tus negociaciones con el ajustador se dilaten demasiado en el tiempo. Las negociaciones deben durar el tiempo que tú permitas que duren y como mencioné previamente, la industria de seguros es feliz de quedarse con tu dinero todo el tiempo que pueda y así continuar capitalizando sobre las inversiones realizadas con él. Debes tener en cuenta que existe un plazo legal en cuanto a los casos de lesiones personales. Este plazo puede variar entre dos a seis años, de acuerdo con tu estado de residencia. Así que debes cuidarte de no sobrepasar la fecha límite de negociación y terminar obteniendo absolutamente nada.

Intenta cerrar las negociaciones rápidamente. Cuando vayas a negociar, hazlo con tus objetivos claros y un cronograma, y acepta de antemano que no obtendrás el valor total de tu caso. Sé consciente de que estás dispuesto a aceptar un acuerdo e intenta que el ajustador llegue al monto que tienes en mente lo antes posible.

Lo peor que puedes hacer es no llevar un buen registro de tus gastos. Cada consulta con el médico, cada ticket del parquímetro, cada compra de aspirinas que hayas hecho debe ser registrada y guarda siempre los comprobantes de pago. Debes tener datos y, también, pruebas. Sin evidencias, será como si el accidente no hubiera ocurrido.

Además, necesitas consultar al médico correcto. Algunos médicos son muy buenos en cuanto a llevar un registro de tus lesiones y asegurarse de que consultes a los especialistas necesarios. Otros médicos, en cambio, son menos empáticos; odian a los abogados, odian a los demandantes, y se niegan a considerar las posibles complicaciones que pudieran surgir de tus lesiones. Como dijimos antes en este mismo capítulo, son conservadores por naturaleza y realmente pueden perjudicar tu caso. Los ortopedistas tienden a ser de esta manera, así como también muchos neurocirujanos, médicos de asistencia hospitalaria, médicos de salas de emergencia y podólogos.

¿Cómo encontrar al médico indicado? Sugiero que contactes a algunos de los abogados demandantes locales y les pidas una recomendación. Simplemente cuéntale que tuviste un accidente, pero que antes de contratar a un abogado quieres intentar manejar el reclamo médico por tu cuenta. Pídele que te recomiende un médico que pueda mostrar cierta empatía con tu situación. La mayoría de los estudios te ayudarán con gusto. Toda recomendación sirve y es excelente tanto para el abogado, como para el médico y el paciente.

Otras negociaciones

Al construir tu caso con el objetivo de lograr un acuerdo de compensación con una aseguradora, podrías necesitar también negociar con tus médicos.

Por ejemplo: si has agotado el monto total de tu cobertura PIP y necesitas usar tu seguro de salud para pagar por una cirugía, puede que sea lógico que le pidas a tu médico que no facture el costo a tu compañía de seguros. En lugar de ello, pídele que realice la intervención, conforme a lo que se conoce como una carta de protección. Básicamente, esta carta establece que el cirujano cobrará sus honorarios una vez que se haya resuelto tu caso de lesiones personales, en lugar de que tu seguro de salud pague por ella.

Supongamos que necesitas $100.000 para la cirugía. Si lo descontaran de tu seguro de salud, tu médico probablemente tendría que tener un contrato con tu compañía de seguros, la que le pagaría un monto preestablecido. Digamos que le paga por esa cirugía específica $44.000.

Muchas compañías de seguro tienen una disposición en sus contratos de salud con el paciente que establece que no deben pagar por sus procedimientos médicos si estos pueden ser cubiertos con los ingresos obtenidos en un caso de lesiones. Esto significa que se supone que el caso por lesiones servirá para pagar la cirugía. Otras pólizas de seguros de salud cubren los gastos de tratamientos médicos, pero exigen un reembolso cuando los pacientes obtienen los montos pactados en los acuerdos.

Sin embargo, si el seguro de salud no va a pagar por la cirugía o el tratamiento, el paciente puede solicitar a su médico que lleve a cabo el tratamiento y, también, concederle un gravamen sobre cualquier monto futuro obtenido en un acuerdo por lesiones. Esto comúnmente se denomina carta de protección (LOP, *por sus siglas en inglés*). Al tener una de estas cartas, la cirugía se concreta pero queda pendiente el pago de los $100.000. Ese es el costo real de la intervención según la lista de precios del médico, también conocida como diagrama de precios. El paciente puede utilizar esa cuenta por $100.000 para poner alta la vara para el ajustador del demandado en cuanto a los daños exigibles y pagaderos al demandante. Considerando que la cirugía no será abonada por una compañía de seguros, el valor asciende a $56.000 y, por ende, el ajustador del seguro del demandado necesita otorgarte más dinero para llegar a un acuerdo de compensación en el caso. No pueden argumentar que el valor real de la cirugía fue de $44.000 y no de $100.000, porque el demandado realmente adeuda $100.000.

Una vez que llegas a un acuerdo de compensación, entonces puedes abonar al médico y negociar cuánto pagarás por la cirugía. ¿Serán $90.000, o $45.000, o alguna suma dentro de ese rango? Esa es una pregunta que no puede ser respondida en este libro. Lo que sí se puede decir es que jamás ningún profesional en esta ecuación creerá posible que puedas obtener los $100.000 para pagarle a tu médico —no lo creerán ni los médicos, ni los abogados, ni los ajustadores de seguros. Así es simplemente cómo se negocian los costos médicos en los casos de accidentes automovilísticos. Lo bueno es que si estás trabajando con un médico que conoces, puedes convencerlo de no cobrarte más del doble de lo que cobra Medicare ó 65 por ciento del total de la factura. Algunos médicos incluso bajan sus honorarios a lo que cobra Medicare sólo para ayudar a que sus pacientes puedan pagar sus gastos.

No olvides que cuando negocias un acuerdo de seguro por tu cuenta, esto requerirá de cierto tiempo. Algunos de los pasos pueden parecer complicados, pero el proceso *per se*, en general, es directo y manejable. La clave está en mantener el foco y, en caso de duda, preguntar.

No obstante, algunas personas pueden analizar el proceso y decidir que es demasiado para ellas. En ese punto, tendrán que recurrir a un abogado. Ese paso también puede resultar un desafío. En el próximo capítulo delinearemos la forma en que puedes encontrar un abogado que pueda hacer el trabajo por ti.

CAPÍTULO SEIS
Encontrar un buen representante

Una mujer de nombre Joanne hace poco me llamó para presentarme su caso. Joanne recibió un impacto lateral (hueso T) por parte de otro vehículo en una intersección en Jupiter, Florida. Ella estaba saliendo de un aparcamiento e ingresando a la calle principal, cuando otro conductor infringió el semáforo en rojo y golpeó el vehículo de Joanne en el panel delantero del asiento de pasajero, y le hizo hacer un trompo.

Joanne fue al hospital y el otro conductor, que era una madre soltera de veinticuatro años de edad, también sufrió lesiones leves y fue también al hospital. La joven madre no se percató de la luz en rojo pues estaba dándole de comer un yogur a su pequeño. Conducía con la mano izquierda y al mismo tiempo tenía el cuerpo rotado para dar una cucharada de yogur a su hijo con la mano derecha. Estaba mirando hacia atrás cuando atravesó la luz roja a una velocidad de 50 mph y se estrelló contra el automóvil de Joanne.

En el hospital, Joanne sintió pena por la otra conductora. La vio allí con el niño y decidió que no quería presentar acciones legales en su contra.

Joanne seguía sintiéndose abatida tras recibir tratamiento en el hospital y por ese motivo fue a ver a su médico. Su compañía de seguros le informó que su seguro obligatorio de Protección contra Lesiones Personales (PIP, *por sus siglas en inglés*) cubriría los gastos médicos y contaba con MedPay, que reembolsaría $5,000 a su PIP. Joanne se tranquilizó ante la idea de que no le quedarían facturas médicas impagas.

Si bien estaba algo adolorida, Joanne volvió al trabajo. La aseguradora de la otra conductora se puso en contacto con ella y le preguntó cómo se sentía. La representante sonaba genuinamente preocupada. Joanne le dijo a la ajustadora que ella no era el tipo de persona que "disfrutaba entablar demandas", pero la ajustadora dijo que quería cerciorarse de que Joanne no tuviera que desembolsar su propio dinero para cubrir los gastos médicos. "Qué amable", pensó Joanne. La representante le manifestó que se ofrecía a darle $5,000 a Joanne si firmaba una exoneración de responsabilidad. Joanne aceptó la oferta. Firmó el documento, cobró el cheque, y se quedó con la sensación de que el asunto estaba resuelto.

Pero los dolores y el malestar empeoraron en las semanas subsiguientes. Alrededor de un mes posterior a la firma de la exoneración, Joanne supo que debía someterse a una cirugía de cuello. Los $5,000 no eran suficientes para cubrir los gastos.

Joanne llamó a la ajustadora y le explicó la situación. La cirugía de cuello tenía un costo superior a los $100,000. Iba a estar sin poder trabajar por ocho semanas. Precisaba ayuda. El panorama había cambiado y necesitaba reabrir la demanda.

En esta oportunidad, la otra persona ya no era tan amable. "Lo siento, Joanne. Ya firmaste la exoneración. La demanda está cerrada".

Horrorizada, Joanne llamó a nuestro estudio jurídico. Consideraba que el pago de $5,000 correspondía a cubrir los gastos médicos que su compañía de seguros había pagado. Ella no tenía la menor idea de que se trataba de una liquidación final. ¿Podía devolver los $5,000 y anularse la exención?

Tristemente, la respuesta era no. Joanne no estaba de suerte. La exención que había firmado, le había hecho perder sus derechos frente a la acusada, y por haber resuelto el caso sin antes consultar con su compañía de seguros, Joanne perdió todo derecho a cobrar su cobertura de conductor sin seguro suficiente.

Mire por donde se mire fue el peor escenario. El caso de Joanne hubiera tenido un valor de $500,000 a $1,000,000 o más de acuerdo al parte médico, pero Joanne solamente cobró $5,000.

El caso de Joanne demuestra qué puede suceder si sufres heridas graves en un accidente en el que no eres culpable, y no buscas un buen asesoramiento legal. Joanne no comprendió la gravedad de su accidente. No estaba informada de las distintas pólizas a las que podía apelar. No conocía a fondo su cuadro clínico cuando firmó. No tomó en cuenta el lucro cesante o las complicaciones de salud que podían presentarse en el futuro. No siguió ninguno de los pasos necesarios para evaluar si convenía tener un abogado que la ayudara a llevar adelante su caso. De haber sabido que los daños personales superarían los $500,000, ¿seguiría siendo "una de esas personas" a las que no les agrada ir a juicio?

Si bien este libro te ayudará a resolver por tu cuenta un reclamo por lesiones personales a la compañía de seguros cuando te ves involucrado en un accidente automovilístico común y corriente, algunos accidentes, por su gravedad, justifican contratar un abogado que te represente. Un buen abogado experimentado se cerciorará de dar los pasos adecuados desde un principio, que recibas el tratamiento médico correspondiente y documentará las lesiones de manera apropiada. Un asesor legal siempre obtendrá más beneficios para ti que si te manejas por tu cuenta.

¿Pero cómo encontrar a esta persona?

En busca del abogado adecuado

La mayoría de las personas que buscan representación legal siguen una de dos acciones: le preguntan a familia y amigos si tienen alguien para recomendar, o buscan en línea y entran a sitios web de estudios jurídicos para encontrar a alguien con la experiencia y los conocimientos para asesorarlo.

Ninguna de estas estrategias es muy buena. En primer lugar, hay demasiada información engañosa e inútil en las redes que resulta difícil distinguir entre los abogados honestos y con experiencia, y aquellos no calificados con credenciales exageradas. Existe una estrategia que es mucho más eficaz y que consiste en preguntarle a un abogado especializado en daños personales a quién contrataría para que te represente. De más está decir, no puedes llamar al abogado especializado en lesiones personales de tu barrio para que te dé ese tipo de consejo. Intentará quedarse con el caso o, de lo contrario, lo tomará como un insulto y no cooperará.

En vez de esto, contacta a alguien de otra ciudad. No tomará el caso porque está fuera de su jurisdicción habitual. Pero conocerá a los mejores abogados del estado. Puedes pedirle que te recomiende tres candidatos potenciales, y luego tu harás una verificación de antecedentes de esos tres candidatos y elegirás el que te parezca el mejor para ti. Una vez que lo hayas hecho, pídele al abogado a quien le hiciste la consulta si puede telefonear al candidato seleccionado y presentarte. De esa manera, el abogado consultado obtiene un 25 por ciento de honorarios por recomendación —que saldrá de la porción de tu liquidación— y te aseguras de conseguir una representación de primera.

Si tienes un accidente automovilístico común y corriente, cualquiera de los tres abogados que te recomiende será bueno. Elije uno y ponte manos a la obra.

Pero si tu caso es más complejo e implica un valor más elevado, deberías tomarte el tiempo de reunirte con cada uno. Averigua cómo es la estructura del estudio. Cuánto tiempo va a dedicarle al caso, y qué proporción de tiempo estará manejada por paralegales. ¿Qué tipo de resultado ha tenido el abogado en casos similares al tuyo? ¿Qué plazos suele manejar en casos como el tuyo? ¿Qué porcentaje de casos que maneja este abogado termina en el tribunal, y cuántos acuerdan antes de ir a corte? ¿Con qué frecuencia este abogado lleva los casos a la corte? Si tu caso reviste circunstancias especiales, ¿el abogado consultará a otros expertos legales? Si tu caso es complicado y requiere de una gran inversión para obtener testigos expertos o preparación para el juicio, ¿esta firma legal cuenta con los recursos para afrontar los gastos?

Tan importante como lo es que formular estas preguntas al abogado, hay una pregunta central que debes plantearte: ¿qué quiero obtener con este caso?

La mayoría de los clientes entra en dos grupos. Alrededor del 90 por ciento de los clientes simplemente quiere llegar a un acuerdo. Quieren recibir una compensación equitativa lo antes posible. Un porcentaje mucho menor está más interesado en que se haga justicia. Desean pasarse un día en la corte. Quieren tener la oportunidad de relatar su historia frente a un jurado y que ese jurado le diga qué valor monetario le asignan a su caso.

Si entras dentro de este último grupo, es de vital importancia que se lo informes a tu abogado. Si tu abogado lo sabe, no perderá el tiempo en procedimientos administrativos previos y en negociaciones, y se concentrará en cambio en armar tu caso para el juicio. Puede suceder que tu abogado no concuerde con tu postura de querer llevar el caso a juicio y, como resultado de ello, se niegue a representarte.

De igual modo, si tienes expectativas de llegar a una liquidación específica, debes comunicárselo a tu abogado. Tal vez quieras obtener $1 millón por tu lesión, pero tu abogado considera que corresponde sólo $100,000. Cuando eso ocurre, debes adaptar tus expectativas o buscarte otro abogado que esté de acuerdo contigo. Hemos tenido clientes potenciales que manifestaron querer $1 millón. Mas cuando analizo su caso, noto enseguida que le corresponde un valor mucho menor. Entonces le digo al cliente, "No me parece que la lesión en tu dedo del pie valga $1 millón. No creo poder venderle eso al jurado. Si sientes que debes obtener $1 millón de este caso, necesitas buscar otro abogado."

Asistencia legal adicional

Si tu caso es particularmente inusual, has de comprender que puede que tu abogado necesite consultar con otros asesores jurídicos con una especialización determinada. Es posible que como resultado de ello, se reduzca tu monto de liquidación, pero este gasto adicional suele valer la pena. La mayoría de las veces, el abogado te hará recuperar con creces cada centavo que le pagas.

Por ejemplo, hace poco se puso en contacto conmigo un abogado que representaba a un conductor que había sido arrollado por un tren. El conductor se desplazaba hacia un paso a nivel. La barrera estaba alzada y las luces no titilaban, de modo que, el cliente se dispuso a cruzar la vía férrea. Un tren que viajaba a toda velocidad embistió el automóvil justo detrás de la puerta del conductor. El hombre sobrevivió, pero sufrió una parálisis parcial y algo de daño cerebral.

El abogado que me llamó me dijo que había conseguido una oferta de liquidación de $3 millones de parte de la compañía de seguros. ¿Consideraba yo que esa era una compensación justa?

Tres millones de dólares no está nada mal. Pero le dije a este abogado que los casos que involucran ferrocarriles son complejos y requieren de experiencia y conocimiento. Hete aquí que yo conocía a un tercer abogado que había manejado muchos casos de accidentes ferroviarios. Le sugerí al abogado que se pusiera en contacto con mi amigo de Jacksonville.

—Él va a analizar el caso —dije—. Y si puede agregarle valor, te lo hará saber.

Mi amigo terminó por unirse al caso como codefensor, y los dos abogados lograron una compensación de $8.2 millones unas semanas más tarde.

Como podrás ver en esta historia, ¡la pericia cuenta! Si te ves involucrado en un accidente grave con un camión comercial y acudes a mi estudio jurídico para que te asesoremos, yo tomaré tu caso y le agregaré el máximo valor, y para ello haré una interconsulta con uno de los abogados principales en materia de camiones en los Estados Unidos. No ejerce en Florida, pero puede desempeñarse como asesor perito y podremos armar el caso para obtener el máximo valor posible. Si se trata de un caso que involucra motocicletas, mi socio es uno de los mejores. Cuando de casos marítimos se trata, mi otro socio es uno de los pocos verdaderos especialistas. Ahora bien, si nos traes un caso de negligencia médica, o de negligencia en un hogar de ancianos, o un caso de agresión sexual, o incluso un caso de una vivienda afectada por un huracán, no somos los más aptos para ayudarte, encontraremos quién pueda representarte y te lo presentaremos.

La mayoría de los abogados no recurre a otros colegas. Harán todo lo posible por quedarse con el caso y, como resultado de ello, te perderás de obtener una mejor liquidación. Es una mala decisión. Es mejor resolver un caso excepcionalmente bien y obtener un porcentaje de la mayor cantidad de dinero posible.

Consigue alguien con antecedentes impecables

Aunque no seas el tipo de demandante que anhela ir a juicio, es recomendable contratar un abogado con amplia experiencia como litigador. Si contratas a un abogado especializado en lesiones personales que rara vez va al tribunal, estarás contratando a alguien que se contenta con obtener menos valor del que podría conseguir en sus casos. No obstante, si contratas un abogado que va a juicio dos o tres veces al año y a menudo sale victorioso, algo que tensiona a las compañías de seguro, hay mayores posibilidades de que obtenga un acuerdo extrajudicial óptimo.

Aquí el motivo: Las aseguradoras detestan lo desconocido. Un juicio es algo desconocido. Para una compañía de seguros, los juicios son como una fosa de agua profunda y negra, y no saben qué puede estar escondido debajo de la superficie. No quieren que haya un veredicto que esté fuera de su control, y están deseosos de pagar fortunas si observan que tu abogado tiene un historial de salir triunfante de los juicios y de forzar a las aseguradoras a que se zambullan en ese pozo. En consecuencia, los abogados que no dudan en ir a juicio, pueden lograr mejores acuerdos para sus clientes que un abogado que nunca litiga.

Lo cierto es que la mayoría de los clientes desean llegar a un acuerdo justo. Por lo general, no les interesa correr el riesgo de exponerse a un jurado. Un jurado puede conseguir el doble de la compensación, si puedes convencerlos. Pero también puede significar un monto mucho menor. Cabe la posibilidad de que al jurado no le agrades como testigo. Tal vez no testifiques con claridad o parezcas codicioso o no causes una buena impresión. He tenido la experiencia de un cliente que subió al estrado, se amilanó y admitió su culpabilidad. Otros clientes se volvieron repentinamente agresivos. La gente no está habituada a aparecer en público y pueden suceder cosas insólitas. Por este motivo fue que armamos en mi oficina una réplica de sala de audiencia. No es para que los abogados ensayen sino para que los demandantes practiquen.

Por ejemplo, una cliente se lesionó tras patinar en un piso húmedo cuando salía de una tienda Walmart. Se había desatado una tormenta mientras ella hacía las compras, y el ingreso y salida de la tienda estaba todo mojado. Se habían colocado carteles de advertencia, pero orientados hacia el exterior para los que ingresaban a la tienda. Mi cliente salía del edificio y no vio el cartel. Se patinó, cayó al piso y se fracturó el coxis.

Walmart se rehusó a pagar, por lo que fuimos a juicio. El día anterior al inicio del juicio, nos reunimos con nuestra cliente para repasar su testimonio —cómo había sucedido la caída, los médicos que la atendieron, la lesión que padeció, los gastos incurridos como consecuencia y muchos otros aspectos del caso.

Nuestra cliente estaba muy nerviosa. No era sorprendente pues a muchos los pone nerviosos atestiguar frente a un jurado. Hay mucha presión. La reconfortamos.

Una de las preguntas que practicamos fue su grado de responsabilidad en el accidente. Queríamos que diera una buena impresión.

—¿Qué porcentaje de responsabilidad tienes en este accidente? —le preguntamos—. ¿Te adjudicas alguna responsabilidad por no haber visto los carteles de "piso mojado"?

Ella fue honesta.

—Si no hubiera estado cargando las bolsas de compra y deseosa por llegar a mi automóvil, tal vez hubiera prestado más atención —dijo—. Tal vez hubiera visto los carteles y el piso mojado, y hubiera sido más cautelosa, pero estaba cargando los paquetes y para cuando vi el cartel que estaba de cara al exterior, me estaba cayendo. Así que diría que tuve un 12 a 20 por ciento de responsabilidad.

Ensayamos esa pregunta y la respuesta veinte veces.

El día siguiente en el juicio le preguntamos.

—María, ¿tú crees que te cabe algún grado de responsabilidad en este accidente?

—Sí, sí. Cometí un error.

—Bien. ¿En qué medida cometiste un error? —le preguntamos.

María se puso blanca. Blanco fantasma.

—No, yo me equivoqué. Fue mi error.

Hicimos algunos intentos por encauzar a nuestra cliente y lograr que reconociera una pequeña porción de la culpa, pero había perdido la compostura por completo y simplemente no lograba recomponerse. Insistía en que había sido su culpa. Quedó fijada en esa conclusión y no había forma de sacarla de ahí.

En la repregunta, el abogado defensor de Walmart sacó partido de la situación.

—Entendemos que esto es estresante —dijo—. Respira profundamente. Está bien. Sabemos que a menudo la verdad sale cuando la gente sube al estrado. Recién admitiste que este accidente ocurrió por tu culpa. Sabes en lo más íntimo de tu corazón que eres responsable de este accidente, ¿no es así?

—Sí —respondió nuestra cliente—. Fue mi culpa.

Nuestro caso fue pan comido. Obtuvimos cero.

Me juré que esto no me volvería a pasar jamás. No permitiría que un cliente fuera a la corte sin tener alguna experiencia previa de atestiguar en una sala de audiencia. En un principio, intentamos alquilar salas de audiencia en el condado, pero luego supimos que no estaba permitido, de modo que armamos una.

El punto aquí es que nunca se sabe qué puede suceder en un juicio. La defensa ganó el caso, si bien es factible asimismo que si mi cliente hubiera dicho la verdad, el veredicto podría haber tomado otra dirección.

Existen otros motivos por los cuales conviene intentar resolver un caso sin anteponer una demanda judicial. Es más rápido y puedes ahorrar dinero. Por ejemplo, no tienes el gasto de preparación para el juicio y no tienes que pagarle tanto a tu abogado si llegas a un acuerdo sin ir a juicio. La mayoría de los abogados cobran menos si un caso se resuelve extrajudicialmente que si van a juicio. En el estado de Florida, por ejemplo, el abogado obtiene un tercio de la liquidación si llegas a un acuerdo extrajudicial con la compañía de seguros. Si ese caso ingresa al sistema judicial, los honorarios del abogado ascienden al 40 por ciento del acuerdo. Esto significa que te ahorras miles de dólares si no vas a juicio.

El pago de tu caso

En ocasiones, sin embargo, conviene invertir en un caso. Hace poco un cliente, tras un impacto en la parte trasera de su vehículo, sufrió una lesión de columna. Ese tipo de caso suele rondar los $50,000, pero este cliente era más adinerado que la mayoría, llevaba un estilo de vida muy acomodado que se vio seriamente afectado como resultado del accidente.

Para que se entendiera la gravedad de la lesión, invertimos $6,000 para filmar un video que mostraba un día de su vida y el grado en que las heridas afectaban su quehacer diario. Era un documental. Comenzamos a filmar a primera hora de la mañana para mostrar lo difícil que era para ella simplemente levantarse de la cama. Necesitaba ayuda para vestirse. En el video se mostraba lo trabajoso que le resultaba realizar las tareas más sencillas. Entrevistamos a parientes y amigos, y documentamos la gran labor que ella había realizado en su comunidad. Era muy convincente, quedando en evidencia que la vida de esta gran mujer se había trastocado. Se lo envié al ajustador de reclamos. Quería que esta persona conociera a nuestra cliente, que sintiera afinidad y le cayera bien, y quisiera compensarla por las heridas que ella había sufrido.

El ajustador sabía de nuestra reputación de entablar juicios, y le resultó evidente que teníamos ánimo de invertir dinero en este caso para demostrar la gravedad de las lesiones sufridas por nuestra cliente. Fue así que por último logramos obtener tres veces el valor de lo que solemos conseguir en un caso de estas características.

Cuando buscas un abogado que te represente, averigua cómo se maneja con los costos de preparación para el juicio, pruebas periciales o realización de análisis para demostrar los daños sufridos.

Cada abogado maneja estos gastos de manera diferente, y existen distintas metodologías en la actualidad que están cambiando las reglas de cómo se estiman los elevados costos iniciales.

Hay firmas que financian estos gastos, pero lo hacen a una elevada tasa de interés, o lo hacen en base a honorarios de contingencia que les permite el reembolso a partir de la resolución o del veredicto. La tasa de interés sobre un préstamo puede variar del 10 al 12 por ciento. Pero el interés en concepto de préstamo por contingencia es absurdamente elevado, de un 24 por ciento. No obstante, en el caso de un acuerdo de tarifa de contingencia, si el caso no tiene una resolución exitosa, no devuelves nada. Pero si ganas, el prestamista obtiene una tajada considerable de tu liquidación.

La clave para optar por "un acuerdo de tarifa de contingencia" es que el periodo de tiempo entre los gastos iniciales y el cobro de tu liquidación sea el menor posible. El tiempo a una elevada tasa de interés es lo que torna peligrosos a estos acuerdos de tarifa de contingencia. El quid de la cuestión radica en utilizar ese dinero en préstamo por el menor tiempo posible. Cuanto más se dilate el caso, tanto más intereses deberás pagar, y eso podría hacer un gran agujero en tu liquidación.

El mejor escenario es contratar una firma que cubra la mayor parte de los costos y gastos del caso. Por ejemplo, nuestro estudio jurídico ofrece un financiamiento a una tasa de interés muy baja para cubrir los gastos. De esa manera, podemos ofrecer a nuestros clientes un interés muy reducido sobre los costos de financiación. Esta tasa tan módica de los intereses les ahorra mucho dinero a nuestros clientes.

Qué esperar de tu abogado

Si estás buscando asesorarte y te sientes atraído por aquel abogado de tu zona que siempre aparece promocionándose en grandes carteles callejeros o en comerciales televisivos, ten en cuenta que es muy factible que ese abogado de alto perfil no se ocupe personalmente de tu caso. Tal vez se reúna contigo, te de la mano, pero el 90 por ciento de esos abogados tan visibles delegará tu caso en otro abogado de su oficina.

Esto no significa que no obtengas una buena representación. Algunas firmas grandes que se dedican a los casos de lesiones personales funcionan como grandes corporaciones. Tu caso es asignado a un equipo, y ese equipo sistemáticamente trata tu caso de acuerdo a las prácticas establecidas por la firma. El sistema de la firma asegura eficiencia y resultados confiables. Sabrán darle valor a tu caso tarde o temprano.

Algunas de estas firmas incluso exigen que sus abogados vayan a juicio y ganen una cantidad mínima de veces al año. Uno de estos abogados era John Morgan. Si trabajabas como abogado para Morgan y no llevabas a juicio al menos tres casos por año, te despedía. Él afirmaba que los abogados que no deseaban ir a juicio eran abogados de porquería, de esos a quienes les gusta llegar a un acuerdo, y no quería saber nada con ellos.

Se quedaba solamente con sus mejores profesionales, y eso daba buenos resultados para sus clientes. Eso no significa que cada caso que llegara a su firma fuera a juicio, sino que las aseguradoras tienen conocimiento de la voluntad de ir a juicio de ese estudio jurídico, y eso de por sí mejora la posición del demandante para negociar.

No esperes que tu abogado negocie tarifas contigo. Como mencioné más arriba, la mayoría de los abogados que se dedican a los casos de lesiones personales, pedirán un 33 por ciento de tu liquidación si no se entabla demanda respecto del caso. Piden 40 por ciento si se antepone una demanda judicial. En la mayoría de los estados, estos porcentajes los establece el colegio de abogados del estado. Los abogados especializados en temas de lesiones y accidentes no cobran más para no ser amonestados por el colegio. Por otro lado, muy pocos abogados querrán tomar tu caso por un porcentaje menor.

Existen situaciones que involucran lesiones terribles y abogados defensores con amplios recursos que exigen honorarios reducidos. Un ejemplo de ello podría ser si te vieras envuelto en un típico "caso Trifecta". Esto significa que la lesión es tan grave que lleva a la muerte, la parálisis o a una catástrofe; la culpabilidad es clara; y el demandado es culpable y/o ha actuado con negligencia. En casos como estos en que el demandado es una gigantesca corporación o enorme compañía de seguros o una persona archimillonaria, si el caso puede resolverse extrajudicialmente deberías pedirle a tu abogado que reduzca sus honorarios a 25 por ciento. Si no lo hace, te sugiero que te marches. En los casos Trifecta se puede obtener un máximo rendimiento con un mínimo esfuerzo, y al cliente corresponde ofrecerle un honorario acorde al reclamo. Recuerda que debe ser el caso perfecto. Si sólo hay dos elementos presentes, luego los honorarios deberían ser iguales al resto de los casos.

Desconfía de aquellos abogados que están dispuestos a negociar sus honorarios. A menudo significa que están desesperados por trabajar, y nos hace pensar que se trata de una firma legal no muy exitosa. Tal vez son muy nuevos en la industria y no es lo que quieres si lo que buscas es obtener el máximo posible con tu caso. Todo abogado con amplia experiencia y trayectoria no necesita reducir sus honorarios pues confía en su capacidad para agregarle valor al caso más allá de los honorarios. Además, sabe que tiene demasiado trabajo como para aceptar un caso por menos dinero. Y quizá lo más importante es que un cliente que exige un descuento en los honorarios para un caso de accidente común y corriente es un cliente que nos traerá problemas y nos amargará la vida. Tenemos la costumbre de dejar que estas personas que piden un descuento en nuestros honorarios, lleven su caso a otro abogado.

En ocasiones después de un siniestro, el damnificado tiene a varios abogados que compiten por tomar su caso. Cuando esto sucede, el demandante podría sentir la tentación de quedarse con el abogado con quien logra negociar el acuerdo más ventajoso. Es una mala estrategia. Hay una gran brecha entre un estudio legal que puede obtener el máximo con tu caso y una firma estándar que maneja casos de lesiones corporales así como muchos otros casos. La diferencia en el resultado final puede ser considerable. Nosotros tomamos un caso en el que el abogado original había negociado una oferta de $3,000 por parte de la aseguradora. Gracias a que le agregamos valor al caso, se llegó a un acuerdo por el tope de la póliza que era de $100.000.

Nunca he compartido la idea de que para obtener los mejores resultados en un caso haya que reducir los gastos. No se gana dinero reduciendo los gastos. Se gana dinero siendo agresivo, anteponiendo la capacidad profesional a su máximo nivel. Jamás un cliente nos ha pedido que recortemos gastos. No puedo siquiera imaginar que un cliente diga: "Quiero que contrates sólo a dos especialistas y no a tres. Creo que podemos demostrar mi causa sin necesidad del otro especialista". Esa sería una situación absurda y, francamente, no toleraría a un cliente que fuera así. Le explicaría que el caso debería llevarse adelante, y para hacerlo de manera adecuada, necesitamos ciertos expertos y cierta información. Si ésta es una buena estrategia, por qué un cliente querría escatimar en gastos, buscar un abogado barato en lugar del mejor abogado que puede pagar.

Organigrama de tu caso

En mi estudio jurídico, cuando firmamos un contrato con un cliente, tenemos una reunión una o dos semanas posteriores al accidente y nunca pasados los catorce días de presentado el registro. Cuando no hay una pandemia, el cliente nos visita en alguna de nuestras oficinas y se reúne con el equipo legal. Analizamos el caso, formulamos un plan estratégico y planteamos expectativas razonables para ese caso. Queremos que nuestros clientes sepan qué se espera de ellos y qué haremos en el transcurso de los meses subsiguientes.

En el transcurso de los cinco meses posteriores, nos ponemos en contacto con el cliente periódicamente. Le preguntamos cómo se encuentra de salud y nos aseguramos de que consulte a profesionales idóneos. Recopilamos la documentación necesaria para llevar adelante el caso. También le recomendamos médicos y especialistas para tratar su afección, así como establecimientos de diagnóstico para agregar credibilidad y sustento al reclamo. Tenemos un conocimiento cabal del cuerpo humano, y nos comunicamos a diario con un cirujano ortopédico que nos orienta en temas de manejo de reclamos, caso a caso.

La gente a menudo pregunta por qué lleva tanto tiempo presentar una demanda a una empresa de seguros y la resolución del caso. Lo cierto es que no hay necesidad de que demore tanto tiempo. Hay muchos factores que inciden en el tiempo que toma resolver un caso de lesión personal. Debemos tener en cuenta varios aspectos y tomar una decisión estratégica sobre qué punto hacer hincapié para reforzar el reclamo. Es como una partida de ajedrez. Si mueves la torre, debes idear una determinada estrategia para ganar. Pero si atacas con el alfil, se plantea un futuro muy diferente en el juego. En los casos que involucran lesiones ocurre algo similar.

Dichos factores incluyen las empresas aseguradoras involucradas, la empresa del demandante y la del demandado, así como toda otra agencia operadora vinculada. Algunas compañías tienen fama de no resolver disputas, mientras que otras tienen reputación de llegar a acuerdos bastante justos. Hay otros factores a tener en cuenta, tal como el monto disponible de cada póliza de seguro, tratamiento médico pasado y futuro, lucro cesante, y daños económicos totales, así como también fotografías de los daños materiales. Si integraras un jurado en un caso en el que se reclama $1 millón y las fotografías casi no evidencian daños materiales, ¿sentirías que corresponde dictaminar ese monto de $1 millón? ¿Entiendes cómo funciona?

Todos estos factores entran en juego, pero entre los más significativos cabe mencionar la asistencia total y los daños permanentes. De acuerdo a la "Guía para la evaluación de la discapacidad permanente" publicada por la Asociación Médica Estadounidense, el demandante deberá padecer seis meses de dolor subjetivo continuo para demostrar una lesión de tejidos blandos permanente que amerite que un médico adjudique una calificación de discapacidad permanente. Esto significa que muchos casos requerirán de un mínimo de seis meses de dolor y tratamiento continuo para ser considerada una lesión permanente. En Florida, Nueva York, Nueva Jersey, y otros estados que aplican la ley "sin culpabilidad", no se admite el padecimiento de dolor y de sufrimiento de daños, a menos que sea una discapacidad permanente. Por lo que es necesario que transcurran cuando menos seis meses para que el ajustador se convenza de que los daños en los tejidos blandos son permanentes.

Nos volvemos a reunir entre cinco o seis meses después de una fecha preestablecida. A menudo coincide con la finalización del tratamiento médico. El propósito es repasar la demanda en su totalidad y estimar el monto total del caso. Este valor incluye los gastos médicos pasados y futuros, el daño económico pasado y futuro, y el lucro cesante, así como también el daño pasado y futuro no económico, también denominados daños humanos, que incluye el dolor, el padecimiento, la desfiguración y la angustia mental. Calculamos un monto de reclamo para que el demandado sepa cuánto esperamos para cerrar la demanda.

En el transcurso de los sesenta a ochenta días siguientes, sabemos a dónde se va a plantar el ajustador en el proceso de negociación, y podremos establecer si la empresa de seguros nos dará un monto tope razonable sin la necesidad de litigar. Si la oferta que hace el ajustador es buena, la aceptamos. Si consideramos que es inferior a lo que estimamos es la compensación que corresponde, calculamos cuánto puede obtener nuestro cliente como adjudicación del pago en un juicio, cuánto puede costarnos conseguir esa adjudicación, el valor tiempo de dicha adjudicación, y cuáles pueden ser los riesgos de ir a juicio. Esto le da al cliente la oportunidad de comparar ambas cifras: la oferta de liquidación voluntaria del ajustador previa al juicio y la liquidación estimada de un juicio —y deberá decidir cómo proceder.

Soy muy frontal con respecto a los factores de riesgo. Esto se debe a que la gente a menudo sabe cuando hay temas subyacentes en su caso. Sin embargo, muchos hacen de cuenta que dichas cuestiones no existen o que pueden justificarlo. Por ejemplo, si un cliente quiere compensación por una lesión en el cuello, y tiene una lesión preexistente en el cuello, le haremos saber el riesgo que implica llevar su caso a juicio. La empresa de seguros hará lo posible por convencer al jurado de que este accidente no provocó la lesión, sino que esta ya existía. Es factible que el jurado pase por alto esa lesión anterior al accidente, pero como su representante legal, me veo en la obligación de señalarle que su historia clínica puede hacer que la compensación sea menor (o que directamente sea eliminada) en el juicio.

En el lapso de un año sabrás si deberás ir a juicio. En un caso estándar que no va a juicio, tu abogado debería poder llegar a un acuerdo en un plazo de tres a ocho meses. Eso varía de acuerdo a la circunstancia, claro está, pero si te representa un buen abogado de una firma jurídica de primera línea que no pierde el tiempo, tu caso debería resolverse dentro del plazo de un año. Si tu caso va a juicio, el lapso de tiempo dependerá del juzgado en el que se presente la causa. Por ejemplo, si presento una demanda judicial en el condado de Palm Beach, suele fijarse una fecha para el juicio dentro de los dieciocho meses. Sin embargo, en el condado de Broward, demora unos treinta meses poder ir a juicio.

Ten en cuenta, asimismo, que en algunos estados como en Florida, un juez no te permite ir a juicio a menos que exista un intento de mediación previo. Alrededor del 60 a 80 por ciento de todos los casos se resuelve de esta manera. Ambas partes se reúnen con la intervención de un mediador avezado, con amplia experiencia en la materia. A menudo, las partes acercarán sus argumentos, ambas estarán igualmente descontentas y así podrán arribar a un acuerdo. Es posible que el ajustador no desee superar los $300.000, y que tú no te muevas de los $500.000, pero si ambas partes pueden obtener entre $350.000 y $400.000, todos vuelven a su casa levemente insatisfechos. El caso concluye, el riesgo desaparece, y todos han de admitir que fue un buen proceso.

Espera honestidad

Es preciso que seas honesto contigo mismo respecto de tu caso. Necesitas que tu abogado sea muy honesto contigo sobre tus chances de ganar en la corte. He tenido que mirar a algunos clientes a los ojos y decirles, "Mira, es muy complicado llevarse bien contigo. Hemos tenido que hacer de todo para facilitarte las cosas y llevar tu caso a un punto ventajoso. Tiendes a ser irritable. Si cuando subas al estrado, el abogado defensor pulse la tecla correcta, no te va a ir bien con el jurado, y ese jurado va a emitir un dictamen equivalente a cero". A la mayoría de los abogados les resultará difícil decir esto, pero creo que debes ser honesto con tus clientes. Puede que a tu cliente le convenga aceptar el acuerdo extrajudicial antes que arriesgarse a que el jurado se disguste.

Hay muchos clientes que ven un enorme cartel con grandes cifras y se crean expectativas irreales, hacen castillos en el aire. Muchos piensan que tienen un caso que vale un millón de dólares, pero muy pocos lo tienen. Sin embargo, si hay una remota posibilidad de una sentencia por un millón de dólares y el cliente está empeñado en apuntar a lo más alto, nosotros lo intentamos. Nos encanta apuntar a lo más alto. No me preocupa perder hasta la camisa en estos casos —suelo obtener lo suficiente como para cubrir nuestros gastos, recibir un honorario, y meter algo de dinero en el bolsillo del cliente— pero es de vital importancia que el cliente comprenda los riesgos inherentes. Un jurado es poco fiable.

Asimismo, los clientes deben comprender que el abogado contratado está trabajando en su caso aun si no se comunica constantemente. Como cliente, debes darle un voto de confianza y entender que tu abogado está realizando un trabajo de fondo, está hablando con tus médicos y el ajustador, está juntando pruebas y presentando documentación.

Hay algo que los abogados no podemos hacer y es pagar tus deudas antes de que se llegue a un acuerdo. En muchos casos, inclusive en Florida, el colegio de abogados ha declarado contrario a la ética que los abogados paguen las deudas de sus clientes. Podemos ayudarlos a encontrar médicos que no los acosarán con cuentas médicas atrasadas, y podemos cerciorarnos de que las cuentas MedPay y PIP del cliente se estén manejando adecuadamente para pagar los gastos médicos. Intentamos maximizar toda vía al alcance para reducir costos.

No obstante, con frecuencia las cuentas suelen multiplicarse ya que el cliente se encuentra desocupado y al mismo tiempo debe enfrentar gastos médicos astronómicos. Una de las cosas que podemos hacer por nuestros clientes es contactar a las empresas que emiten las facturas y solicitarles que nos envíen las cuentas al estudio, y las podemos pagar con la liquidación cuando los fondos estén disponibles. Podemos pedir a los médicos que firmen una carta de protección y acepten una garantía de pago, de modo que puedan cobrar cuando se llegue a un acuerdo.

Existe otra opción que consiste en recurrir a la financiación sin recurso, que es un tipo de préstamo comercial en el que el prestamista recupera los fondos provenientes de la liquidación. El prestamista no tiene derecho a ir contra tus activos y, si pierdes el caso, no pagas nada. Sin embargo, este tipo de anticipo incluye un tipo de interés elevado y debe ser devuelto en su totalidad cuando el caso se resuelve. Este tipo de préstamo no requiere de una evaluación crediticia, y ni siquiera de que estés empleado. Tu calificación y tus antecedentes de crédito son irrelevantes. Lo único que cuenta es la solidez de tu caso.

El valor que aporta un abogado

Si tu caso es lo suficientemente grande o complicado, hay un par de motivos por los que te conviene contratar un abogado especialista en lesiones personales.

En primer lugar, un excelente abogado con amplia experiencia es como un doctor en este caso. No es que tenga que haber estudiado medicina, sino que comprende cabalmente cómo funciona el cuerpo humano y en qué pueden derivar tus lesiones. Los abogados especialistas en daños personales estudian mucho sobre medicina, en especial sobre el tipo de lesiones que solemos ver en los accidentes automovilísticos. Un buen abogado es aquel que comprende tu fisiología y qué sucede en tu cuerpo. Sabe qué te sucede y sabe cómo transmitirlo fehacientemente. Sabe hacer una descripción cabal para el ajustador. Sabe a dónde puede llegar. Puede conseguir médicos y orientarlos para que tu lesión sea tratada con eficacia.

Por ejemplo, un cliente resultó herido en un accidente automovilístico. El dolor en el hombro lo estaba matando, pero los médicos no lograban detectar cuál era el problema. Consultó a un ortopedista y el facultativo no podía encontrar el problema, entonces éste derivó a mi cliente a un especialista en hombro. El especialista en hombro no pudo encontrar nada, salvo una leve fusión articular. No era posible, a su entender, que dicho problema pudiera causar tanto dolor como el que informaba mi cliente, por lo que el facultativo decidió que mi cliente era un "llorón".

No obstante, yo tenía una teoría. Llamé a un amigo que es cirujano especializado en operaciones de columna vertebral. Le conté que me parecía que mi cliente padecía de dolor referido. El problema, pude conjeturar, no estaba en el hombro sino en el cuello. Sospeché que el cliente podría tener una hernia de disco cervical que irradiaba al hombro. El especialista en columna vertebral aceptó atender a mi cliente y, hete aquí, descubrió una hernia de disco. Mi cliente fue sometido a una cirugía de cuello y el dolor en el hombro desapareció. Es más, cobró una compensación de $100.000.

He pasado por esta experiencia una infinidad de veces. Los especialistas están tan enfocados en su área del cuerpo que no prestan atención a que puede haber un problema en otro sitio. Aquí es donde un abogado con experiencia en casos médicos hace la diferencia. Después de treinta años en el gremio, puedo interpretar un estudio de imágenes por resonancia magnética tan bien como un médico.

Este tipo de experiencia y conocimiento contribuyen a que como abogado saque el máximo provecho de la lesión sufrida por un cliente. Es por este motivo que si el ajustador te ofrece $300.000, yo puedo conseguirte $1 millón. Si el ajustador te ofrece $10.000, yo puedo obtener una oferta de $45.000. Está estadísticamente probado que un abogado le agrega valor a un caso. En mi ejercicio de la ley yo sé que agrego valor.

Muchos clientes me han dicho, "Me han ofrecido x monto de dinero en concepto de liquidación. ¿Puedes mejorar esa oferta?". Y en varias oportunidades, les he respondido que no sólo puedo, sino que voy a mejorar ese valor y que si no lo hago, pueden reducir mis honorarios. Podré cobrar al menos lo que ya me han ofrecido.

Y nunca he perdido al hacer esta propuesta.

CAPÍTULO SIETE
Casos en los que es indiscutible la necesidad de un abogado

Si bien este libro te ha brindado todas las herramientas necesarias para negociar por tu cuenta con una compañía de seguros, después de un accidente automovilístico, existen ciertos casos de lesiones personales que jamás deberías intentar resolver sin la ayuda de un buen abogado. Estos son los tipos de casos complejos y que requieren de intervención experta para garantizar el respeto de tus derechos. Entre estos casos se incluyen los de mala praxis médica, acoso sexual, agravio público, responsabilidad por productos defectuosos, fallas en productos médicos, abuso y negligencia en hogares de residencia para mayores, por citar algunos.

Mala praxis médica

La naturaleza humana tiende a buscar lo simple. Valoramos la simplicidad. Tendemos a pensar en términos de buenos muchachos y malos muchachos. Nos gusta razonar mediante ideas claras de causa y efecto. Por eso, cuando leemos una historia sobre cómo trescientas personas tomaron hidroxicloroquina y se curaron de la COVID-19, llegamos rápidamente a la conclusión de que la hidroxicloroquina es la respuesta a la pandemia de la corona virus.

Pero entonces, los científicos advierten: "Esperen un minuto. Tenemos que corroborar esta conclusión".

Llevan a cabo un estudio científico y se establece que una muestra de trescientas personas no es cantidad suficiente como para determinar la veracidad de tal declaración. Cuando se realizan los ensayos doble a ciegas con hidroxicloroquina y placebos, se descubre que la droga no tiene efecto alguno que pueda marcar una diferencia. De hecho, previenen que la hidroxicloroquina puede provocar serios trastornos en el ritmo cardíaco, en la sangre e incluso puede generar trastornos en el sistema linfático, lesiones renales y problemas hepáticos. La cuestión, nos dicen, no se puede expresar en el binomio blanco o negro. Sin embargo, la gente igual insistirá en llegar a una conclusión simple: "Juan Pérez tomó hidroxicloroquina y mejoró. Yo también voy a tomar hidroxicloroquina". La gente se niega a pensar de forma compleja. Las personas detestan la idea de sistemas intrincados con un sin fin de variables que podrían llevar a una cantidad incalculable de resultados. Quieren creer en la relación causa y efecto.

Pocas veces las situaciones son tan simples. Supongamos que fuiste al hospital para someterte a una cirugía de rodilla. La intervención es exitosa, pero cuando despiertas sientes un fuerte dolor en el brazo. ¿Qué ocurre? ¿Vine por mi rodilla y ahora me duele el brazo? ¡El médico debe haber cometido un error!

Lo cierto es que —y la ciencia lo confirma— cuando se aplica anestesia, existe un uno por ciento de personas que sufrirán un coágulo sanguíneo. Estos coágulos pueden generar daños musculares o nerviosos en partes periféricas de tu cuerpo. Incluso pueden desplazarse hasta tu corazón y provocarte la muerte. Es uno de los riesgos que enfrentas en una cirugía y el médico no tiene manera de prevenirlo. Si te suministran anticoagulantes para evitar este tipo de trastornos, tendrás que enfrentar riesgos todavía mayores, por ejemplo, desangrarte en la mesa del quirófano. Entonces, ahora que te encuentras recostado en la cama del hospital con tu brazo latiendo y entumecido por el resto de tu vida, la pregunta es: ¿se trata de una mala praxis médica?

No, el médico no se equivocó. Sin embargo, muchos pacientes recostados en esa cama se negarán a comprender lo complejo que es el sistema.

En general, los casos de mala praxis médica son claros y simples. Para ganar un caso de mala praxis médica tienes que probar que hubo negligencia y que el daño que sufriste fue resultado directo de ella. Ese debe ser un desafío importante. No puedes simplemente probar esto sin contar con un perito médico, el testimonio de expertos y un conocimiento especializado de cómo funcionan los casos de mala praxis en tu estado. Cada estado tiene su intrincado sistema de leyes respecto de la negligencia médica. Los estados hacen hasta lo imposible por proteger a sus médicos. Superar estos obstáculos legales y científicos no es tarea para que una persona común y corriente realice por su cuenta.

En los casos de mala praxis médica, no sólo debes saber lo que estás haciendo, sino que también tienes que hacerlo con rapidez. La mayoría de los estados cuentan con un plazo limitado para presentar un caso por mala praxis médica ante un tribunal. De todos los casos que manejamos en nuestro estudio, los de mala praxis médica son los más complejos y peligrosos, y cumplir con los requisitos previos al juicio no es tarea fácil. En Florida, por ejemplo, existe una ley que describe los pasos a seguir antes de poder iniciar un juicio y solo cuentas con dos años de plazo legal para presentar este tipo de acción. Más aun, antes de que puedas entablar la demanda, tienes que encontrar a un médico que firme una declaración jurada en la que justifique por qué se trató de un caso de negligencia. Tienes además que presentar la información a la parte contraria y darle la oportunidad de tomar tu declaración y examinar tus pruebas antes de poder litigar. De hecho, hasta que puedas demandar, igual tendrás que conducirte activamente como si ya estuvieras en juicio, lo que usualmente trae aparejada la necesidad de que encuentres un abogado para representarte.

No intento decir con esto que en los hospitales no se cometen errores. Ocurren. Tuve un cliente, un médico, que me dijo que el 80 por ciento de las personas que van al hospital sufre algún tipo de acto negligente:

se les administra la píldora equivocada o la dosis incorrecta. Pero, por lo general, no se produce ningún daño. Sin daño, no hay falla. Una enfermera se da cuenta de que le dieron la medicación incorrecta y trata al paciente con algún fármaco para contrarrestar el efecto. En otras ocasiones, no se producen daños graves o duraderos como consecuencia de la negligencia.

Puedes tomar algún tipo de acción en estos casos, pero no llegará nunca a convertirse en un juicio por mala praxis. Cuando mi esposa fue a dar a luz a nuestro primer hijo, le administraron anestesia epidural para calmar el dolor del parto. Se la administraron al revés, por lo que, la anestesia fue hacia el norte de su cuerpo en lugar de ir hacia el sur. Esto hizo que se entumecieran sus pulmones y que no pudiera sentir su respiración. Entró en pánico porque pensó que se sofocaba. Las enfermeras se dieron cuenta de inmediato de cuál era el problema y lo solucionaron. Cuando me entregaron la cuenta del hospital, los cargos por anestesia eran cinco veces más elevados de lo que correspondía. Me habían cobrado por la epidural que habían administrado incorrectamente y por las drogas que tuvieron que administrarle a Esther para que volviera a sentir sus pulmones y, además, por la nueva dosis de epidural que tuvieron que darle para el momento del verdadero parto. Todo salió bien y Esther no sufrió daños. No existía caso de mala praxis porque no se habían producido daños.

No obstante, de ninguna manera iba yo a pagar esa cuenta por anestesias. Llamé al hospital y les expliqué porqué. No iba a demandarlos por mala praxis, pero les dejé en claro que ellos eran los que se habían equivocado y que debían asumir la responsabilidad. Finalmente, dedujeron de la factura todos los cargos por anestesia.

Productos médicos defectuosos

Estos casos también son complicados. Cuando un dispositivo médico provoca una lesión grave, el costo de llevar adelante un caso así es tan elevado que mucha gente considera que no vale el esfuerzo.

Para empezar, la compañía que desarrolló el producto nunca va a admitir que éste tiene fallas. Probablemente hayan invertido miles de millones de dólares en fabricar el producto, en los ensayos, en obtener la aprobación del gobierno federal y su comercialización. No dirán: "Perdón. Aquí tienes un poco de dinero por los inconvenientes ocasionados. Retiraremos el producto del mercado". Eso nunca ocurre.

Es por este motivo por el cual los productos médicos defectuosos terminan generalmente en juicios colectivos. En este tipo de juicios, varios demandantes firman, en conjunto como grupo, una demanda para iniciar juicio contra alguien. Un caso individual por un valor de $60.000 no es lo suficientemente relevante como para justificar el costo de los estudios científicos que se requieren para ganarle a una de estas compañías. Pero un grupo de abogados que ha conseguido la firma de varios clientes puede darse el lujo de gastar las elevadas cifras requeridas para probar que un dispositivo defectuoso ocasionó daños a sus clientes. Así pueden obtener todos los beneficios de la ciencia y toda la prosecución y el trabajo intelectual grupal necesarios para enfrentar a una de estas grandes empresas.

Algunos años atrás, tuvimos un caso contra un fabricante de cables para desfibriladores implantables. Los cables estaban diseñados para liberar una pequeña descarga en caso de que se produjera una fibrilación auricular. El problema era que los cables funcionaban mal y liberaban descargas que inducían a que los corazones de los pacientes entraran en fibrilación auricular antes de realizar otra descarga nuevamente para rescatarlos de ese estado que el mismo dispositivo les había provocado. Un paciente en Minnesota dijo que se sentía como si tuviera una bomba de tiempo dentro su pecho. Creo que cerca de una decena de personas murieron, pero era muy difícil reparar los dispositivos, ya que la cirugía para retirarlos era riesgosa.

En este caso existía un claro daño generado por el producto y una clara responsabilidad por ello, pero sin abogado jamás lograrías obtener compensación por parte de la empresa. Puedes hacer un reclamo, puedes llamarlos; pero si quieres una compensación por tener este producto defectuoso instalado en tu pecho, necesitas formar parte de un grupo, de un colectivo.

Otro de nuestros casos fue contra una importante farmacéutica. El presupuesto para el juicio colectivo era de $1,5 millones; mucho más de lo que podría aportar un solo individuo, pero contamos con la firma de alrededor de 10.000 personas para iniciar la demanda. De este modo, el costo para avanzar con el reclamo es de solo $550 por individuo, en lugar de $1,5 millones. No sería muy lógico de tu parte intentar manejar un caso como este por tu cuenta. No llegarías a ninguna parte.

Un juicio colectivo se da cuando un grupo de personas sufre lesiones similares o idénticas causadas por un mal idéntico, responsabilidad del demandado. Se habla de agravio público cuando varias personas sufrieron por un error cometido por un solo demandado, pero todos los involucrados sufrieron de manera distinta. Tenemos una sola compañía y un solo producto, pero cientos de reclamos, cada uno afirmando algo levemente distinto. Una demanda por agravio público es una forma de manejar eficientemente todas esas demandas. Cada reclamo se lleva adelante en la misma jurisdicción y el juez elige a un grupo de abogados para trabajar juntos y alcanzar un acuerdo.

Una vez que el tribunal tiene el caso en marcha y las partes logran acordar un monto de indemnización, se crea una matriz para determinar la asignación de los pagos a los demandantes. En el caso de un fármaco que ocasionó daños a personas, todos aquellos que terminaron padeciendo de cáncer recibirán un monto X, mientras que los que sufrieron daños renales recibirán un monto Y. Los pacientes de mayor edad que utilizaron la droga por más tiempo recibirán un monto Z y así sucesivamente. A cada persona que firmó la demanda de agravio público le corresponderá un casillero dentro de esa matriz y ese casillero determinará el monto de su acuerdo. Tú solo debes descubrir cómo ocupar una casilla y asegurarte de que corresponda a las casillas de los montos más elevados. Para todo ello, definitivamente necesitas representación legal.

Casos de responsabilidad por productos defectuosos

Ya hemos hablado sobre dispositivos médicos que constituyen una forma de responsabilidad por productos defectuosos. Prácticamente cualquier caso de responsabilidad de este tipo va a requerir asesoramiento legal. Aun si no necesitas un abogado, contar con uno te ayudará a obtener una compensación justa.

Supongamos, por ejemplo, que compras una escalera. La llevas a casa y la ubicas exactamente de la manera que se supone, subes la escalera para arreglar un cable eléctrico y mientras estás reparando el cable, se rompe un remache del peldaño de la escalera, te electrocutas y caes al suelo: quedas inválido de por vida.

Es posible que logres llegar a un acuerdo con el fabricante de la escalera con solo comunicarte con él, sin intervención de un abogado. Puede incluso que lleguen a un acuerdo y el fabricante te compense con una suma impactantemente alta, digamos $1 millón.

El problema es el siguiente: ¿Cómo cuantificas tu caso como para obtener un valor de acuerdo máximo? Te ofrecieron $1 millón, pero qué ocurre si tu caso vale $10 millones. Internamente, la empresa fabricante de la escalera podría pensar: "Lleguemos a un acuerdo rápido con este sujeto. Si llega a contratar a un abogado, podrían descubrir que hemos tenido miles de casos de ruptura de remaches en estas escaleras. No queremos nada de eso". Así, incluso si tienes que pagarle a un abogado 30 ó 40 por ciento, podrías terminar ganando mucho más dinero en el largo plazo.

Sea como sea, tendrás que probar tu caso. La mayoría de las compañías no admitirán que su producto falló. Dirán que fue error del usuario. Dirán que la escalera era vieja o que no se la mantuvo adecuadamente. Alegarán que fue un problema en la cadena de suministro lo que generó la ruptura del peldaño. En los casos más serios, los demandados construirán una montaña de excusas artificiosas, y tú terminarás necesitando un abogado para poder derribarla.

Acoso sexual

Si bien estamos en la era del movimiento "Me Too" («*Yo también*», *con alternativas locales en otros idiomas*), no resulta fácil ganar una demanda por acoso sexual sin un abogado. El plazo legal es corto y existe un diagrama de leyes complicado que debes seguir para llevar adelante un caso de esta índole.

Lo primero que debes hacer es presentar una demanda ante la Comisión para la Igualdad de Oportunidades en el Empleo (EEOC, *por sus siglas en inglés*). Esto debes hacerlo antes de entablar una demanda de juicio. La EEOC cuenta con un plazo específico para investigar tu reclamo. Luego, debe emitir una carta con una conclusión respecto de si tienes o no derecho a actuar; lo que, a su vez, te habilita a iniciar una causa contra la persona en la empresa que tú consideras hizo avances sexuales no deseados hacia tu persona. Puedes contratar un abogado antes de ir a la EEOC, pero no puedes demandar a nadie hasta que esta comisión te de lugar a hacerlo.

La mayoría de las personas no se comportan de esta forma; sin embargo, un acoso sexual puede ocurrir de cualquier persona respecto de cualquier otra. Generalmente, este tipo de accionar se registra con más frecuencia de un hombre hacia una mujer, pero también puede ser de un hombre hacia otro hombre, de una mujer hacia un hombre, o alguna otra combinación. Asimismo, lo que puede ser considerado como acoso sexual por una persona puede ser interpretado como un cumplido que es recibido con agrado por otra persona diferente. Varios años atrás trabajé junto a un abogado muy corpulento y con una actitud muy insinuante hacia las mujeres de la oficina. Trabajamos también con un hombre muy apuesto, ex jugador de beisbol que hacía el mismo tipo de comentarios a las mujeres de la oficina que el abogado anterior. Sin embargo, la demanda por acoso sexual recayó sobre el hombre corpulento y no sobre el joven apolíneo.

En muchas situaciones, las demandas por acoso sexual pueden ir transformándose en algo mucho más amplio. Por ejemplo, una mujer que trabaja en una empresa está siendo acosada por alguien de la gerencia intermedia; ella presenta su queja ante la gerencia superior respecto del sujeto que la acosa y, al final, termina ella siendo despedida de su trabajo. Ahora, además de la demanda por acoso sexual, podemos sumar la causal de despido improcedente por denuncia de una situación ilegal.

Muchas veces la gente confunde los términos legales *amenaza* y *agresión física*. Una amenaza sexual es verbal, mientras que la agresión sexual es física. Amenaza consiste en decir sin reservas que vas a buscar y lastimar a alguien, lo que genera miedo en la persona amenazada. Por lo tanto si dices: "En quince minutos voy a estar ahí para patearte el trasero", tu accionar constituye una amenaza. Pero si dices: "Si no me das las llaves del auto, voy a ir a buscarte y patearte el trasero", ya no es una amenaza. Para que se considere acoso, es necesario generar en la otra persona un miedo irracional causado por esa conducta inapropiada. Los términos agresión física sexual y acoso sexual no son sinónimos. Puedes obtener una compensación por daños en lo civil, pero esto no constituye un delito en el fuero penal.

El punto aquí es que necesitas un abogado para ayudarte a resolver todo esto. El otro punto importante también es que las personas que tengan derecho a este tipo de reclamo, no pueden representarse o defenderse a sí mismas. En las oficinas puede existir demasiada tensión sexual, y hay personas dispuestas a culpar a la víctima. Las víctimas merecen que un tercero las defienda, porque no faltará quien seguramente diga: "Tú te le insinuaste a él, y no él a ti. Fue tu culpa. La demandada deberías ser tú".

Estos son casos profundamente emocionales. Generalmente se habla de la víctima como de "mercancía dañada", cuando esta tiene una historia sexual que podría perjudicar su caso. Incluso en el movimiento "Me Too", las mujeres todavía deben superar cualquier historia de actividad sexual pasada que pueda dar lugar a que se considere una conducta desviada. Así, si una mujer declara haber sido brutalizada previamente esta situación podría llegar a perjudicar su caso. No importa si esto es algo que ocurre con frecuencia. Enfrentar al acosador sola es imposible si alguien no se convierte en tu príncipe salvador. Además, establecer convincentemente que tu caso tiene valor real es una tarea muy ardua. En los casos en que una víctima sexual trata de llevar adelante su propia defensa, terminan siendo etiquetadas con el mote de prostitutas.

Informantes

En los Estados Unidos de Norteamérica no existía una ley para la protección de informantes hasta que Abraham Lincoln necesitó una durante la Guerra Civil. El gobierno federal estaba siendo defraudado por contratistas que vendían suministros y materiales al Ejército de la Unión. Por ejemplo, las empresas vendieron al Norte una cantidad de cajas con rifles, pero muchas de esas cajas venían, en realidad, repletas de aserrín en lugar de armas. El gobierno estaba demasiado ocupado en la guerra como para investigar estos casos; pero si un ciudadano descubría que existía un fraude y ayudaba al gobierno a recuperar su dinero, Lincoln compartiría parte de los fondos recuperados con dicho ciudadano. Con el transcurso del tiempo, esa ley fue codificada bajo el nombre de Ley de Reclamos Falsos.

Actualmente, existen varias leyes relacionadas con esa primera ley dictada durante la Guerra Civil. Estas leyes pueden ser utilizadas por los denunciantes para informar de un fraude en contratos de infraestructura o contratos con el gobierno, ejército o sistema de salud. Hasta el Servicio de Impuestos Internos (IRS, *por sus siglas en inglés*) cuenta con una ley específica para informantes en casos de fraude fiscal de gran magnitud.

Si tienes información secreta de que existe fraude de alguna naturaleza contra el gobierno, seguramente se haya decretado una ley de acción *qui tam* para habilitar al gobierno a iniciar una acción legal e ir a juicio a los fines de recuperar el dinero utilizado en sobrepagos y obtener el dictamen de una importante penalidad. Si el gobierno decide avanzar con el caso de fraude y recuperar su dinero, sobre la base de la información interna que tú proporcionaste, recibirás un 15 por ciento de los fondos reembolsados. Ahora, si el gobierno decide no avanzar con la causa, debe darle la oportunidad al informante de iniciar un juicio en nombre y representación del gobierno, y obtener el reintegro de los fondos injustificadamente abonados. El término en Latín *qui tam* tiene su origen en el refrán: "Qui tam pro domino rege quam pro se ipso in hac parte sequitur", que significa: "Quien interpone demanda tanto en su interés como en interés del rey". El gobierno literalmente le devuelve la acción legal al informante y esa persona tiene permitido litigar por el fraude con su propia representación legal privada. Si el denunciante lleva adelante la acción legal y gana algún tipo de fondos para el Tío Sam, entonces tiene derecho a quedarse con entre 15 y 30 por ciento de lo recuperado. El porcentaje exacto a otorgar al informante será establecido por el juez y dependerá de cuánto esfuerzo haya implicado para el denunciante llevar adelante el caso. Existen determinadas leyes para la protección de informantes que también ofrecen protección para ellos en el ámbito laboral, en virtud de los riesgos personales y profesionales asumidos al informar sobre un fraude y, a veces, iniciar una acción legal por dicho fraude.

Para entablar un caso *qui tam*, el denunciante debe tener información interna que no sea de conocimiento público ni haya sido previamente revelada al gobierno. En los casos en que los informantes sean más de uno, el primero que inicia la demanda es quien recibirá el dinero. El denunciante, primero, genera un informe de situación con los detalles del fraude. Luego debe presentar ese informe ante una división especial de la fiscalía general para su revisión. El gobierno decide entonces si proceder con la causa. Si el caso le resulta de interés, entrevistará al informante e investigará el asunto para luego llevar adelante una acción legal por intermedio de la Fiscalía General de los Estados Unidos. Si el caso no le interesa o estima que la información es insuficiente para litigar, devuelve el informe a quien lo realizó y el informante puede entablar su propia demanda contra el organismo en falta.

Existe muchos casos *qui tam* en la industria de los servicios para la salud en los que el informante alega la comisión de un fraude contra el gobierno. Este último invierte anualmente cientos de miles de millones en fármacos, atención médica en hospitales, servicios ambulatorios e internaciones ambulatorias a través de los planes Medicare, Medicaid u otros programas de salud gubernamentales. El gobierno exige a todos sus proveedores del sistema de cuidados para la salud presentar solicitudes precisas para reintegros que cumplan con las leyes de facturación establecidas para todo pagador del gobierno respecto de las facturas por servicios de salud. Muchos médicos, sistemas hospitalarios y compañías farmacéuticas no siguen las reglas. Facturan al gobierno por servicios que nunca brindaron, por servicios innecesarios o por procedimientos onerosos e innecesarios.

Algunas acciones legales *qui tam* se presentan ante el IRS, mientras que otras surgen de prácticas sospechosas en contratos farmacéuticos, contratos de defensa, títulos valores, productos básicos o *commodities*. Uno de los casos más grandes tuvo como parte a una empresa farmacéutica que engañaba al gobierno con los fármacos que le vendía. La farmacéutica tuvo que reembolsar $3.000 millones al gobierno federal, en virtud de los fondos sujeto de la estafa.

Uno de los casos de nuestro estudio involucraba a la empresa fabricante de partes de helicópteros para la industria aérea militar. La empresa estaba ahorrando dinero mediante el uso de químicos vencidos o degradados en la producción de los tableros de control abordo de un reconocido helicóptero militar. Esto podría representar un peligro para los operadores en el caso de que el tablero tuviera un desperfecto en una zona de guerra durante una batalla. Una mujer que trabajaba para el fabricante informó lo que estaba ocurriendo y el gobierno decidió iniciar un juicio. La empresa fabricante fue declarada culpable y tuvo que reintegrar más de $50 millones al gobierno y, además, reemplazar todos los insumos que habían fabricado con los químicos vencidos.

Estos casos pueden generar grandes beneficios tanto para el gobierno como para los informantes. El problema está en que el sistema que el gobierno usa para este proceso es secreto y unilateral. El gobierno no te mantendrá informado. Por lo general, son muchos los casos en los que el informante se entera de que no estableció sólidamente su lugar en la línea como para recibir parte del dinero recuperado o el denunciante entrega un informe de situación sin los detalles suficientes, en cuyo caso será otro informante quien obtenga el porcentaje del dinero correspondiente. Muchas personas han llevado casos al gobierno, en virtud de esta ley, y jamás recibieron ningún pago por ello.

¿Cómo garantizas tu lugar en la línea? ¿Cómo creas un informe de situación que funcione? ¿Cómo revelas un fraude fiscal corporativo importante ante el IRS de modo tal que te otorguen parte del dinero que este organismo recupere? Necesitas un abogado. Necesitas un abogado para redactar tu informe de situación. Necesitas un abogado que esté junto a ti durante tu reunión con el Departamento de Justicia y documente tu posición y la información que entregas. Necesitas un abogado que ya haya trabajado con el gobierno y sepa lo que éste requiere para iniciar una acción legal por fraude. Así, al final del caso, cuando el gobierno pase de ser tu amigo a no querer pagarte lo que justamente te corresponde de lo recuperado, tu abogado estará allí para proteger tu dinero. Compartir tu parte con un abogado ayuda a garantizar que, ante todo, te paguen.

Negligencia en residencias para personas mayores

Estos casos son muy similares a los casos de mala praxis médica. La parte más dura en un caso como este es que las personas que están siendo abusadas probablemente no vivirán mucho tiempo más. Los defensores utilizan esta estratagema para socavar el valor de todo reclamo. Puedes presentar una demanda luego de que un pariente tuyo fuera víctima de este tipo de abuso y, tal vez, consigas cobrar algo de dinero, pero las corporaciones que dirigen este tipo de instalaciones no se rendirán tan fácilmente.

Supongamos que a tu pariente de pronto le aparece un hematoma que luego se convierte en gangrena y, finalmente, es necesario amputarle el pie. Podrías manejar ese reclamo por tu cuenta, pero jamás conseguirás el valor completo que conseguirías abogado mediante. Un abogado preparará el testimonio del perito que revele que la gangrena se produjo por negligencia y que era absolutamente evitable. Aun si tu pariente está próximo a morir, tanto él como tú merecen una compensación por esta negligencia y un abogado podría ayudarte a obtenerla.

Accidentes automovilísticos con transportes comerciales

Este tipo de acuerdos también requiere de la experiencia y participación de un abogado.

Los conductores comerciales tienen un estricto nivel de responsabilidad que supera lo que se le exige a los conductores particulares. Por lo tanto, existen muchas cosas que un abogado familiarizado con ese tipo de normas puede hacer para preparar las pruebas y establecer la responsabilidad.

Por lo general, no es fácil establecer la culpabilidad de un conductor comercial, pero ayuda conocer las normas y reglamentaciones federales que gobiernan este ámbito. Las normas para alguien que maneja un camión de dieciocho ruedas son estrictas y más exhaustivas que las que rigen para las personas que manejan un automóvil. Si quieres ganarle a las transportadoras comerciales, debes saber cuales son esas normas. Si cuentas con un abogado especializado, puedes incrementar significativamente el valor de tu caso, porque las empresas de transporte comercial tienen la obligación de contratar pólizas de seguro muy amplias.

Hace casi cuatro años, tuve un caso por accidente en el que el conductor de un modelo Camry de Toyota estaba ingresando a la autopista cuando, literalmente, lo aplastó un camión de dieciocho ruedas. El conductor del Toyota estuvo en coma entre cinco y seis meses. Cuando despertó, leyó el informe policial que indicaba que el culpable del accidente había sido él: se había metido directamente debajo de la carrocería del camión.

No obstante el informe y con una deuda de millones de dólares en facturas médicas, se comunicó con la empresa de camiones y pidió su ayuda. No aceptaron llegar a un acuerdo con él. "Es tu culpa", dijeron: "No podemos pagarte por eso". El conductor del Toyota llamó a un abogado y obtuvo una respuesta similar. "Perdón", le dijo el abogado: "No es posible doblar a la izquierda y terminar debajo de un camión".

Me involucré en el caso cerca de ocho meses después del accidente. Conocí al conductor del Toyota en el hospital y obtuve una copia del informe del accidente. Cuando me puse a investigar el caso, descubrí que el camión tenía una cámara de video que había estado funcionando a la hora del accidente. La grabación, me enteré, mostraba que el conductor del camión había accedido al carril derecho en el momento exacto en que mi cliente había hecho lo mismo por el lado izquierdo. Ninguno de los conductores era totalmente responsable, sino en un 50 por ciento cada uno. Más aun, la caja negra del camión respaldaba esta información.

Eventualmente, conseguimos un acuerdo de siete cifras para este pobre hombre que yacía en su cama de hospital. Pero de la única forma que fuimos capaces de hacer lo que hicimos fue porque conocíamos muy bien las leyes interestatales que rigen para los camiones. Sabíamos que el camión podría haber estado grabando el momento y que contaba con una caja negra, y también estábamos al tanto de que había otros informes que la compañía tenía que presentar, que seguramente servirían a nuestro reclamo. Nunca nuestro cliente por cuenta propia hubiera podido llegar a un acuerdo como el que logramos.

Casos de accidentes con barcos y cruceros

Ya hemos mencionado uno de estos casos en este libro, pero sirve repetir que los accidentes con barcos o cruceros no deberían dejarse en manos de nadie más que de un abogado.

Por un lado, el estatuto de limitaciones para los casos de cruceros es excepcionalmente corto y estricto. La lesión debe ser notificada a la compañía de cruceros dentro de los seis meses de ocurrida y cualquier litigio debe iniciarse dentro del año de sufrida la lesión. Esta es una norma inquebrantable. Las compañías de seguros saben sobre estos plazos y lo usan a su favor. Una vez un ajustador de seguros de un crucero me dijo: "esperemos hasta que pase la Navidad para discutir el acuerdo", sólo para darse cuenta de que mi cliente había ido a un crucero navideño y que el 27 de diciembre, el caso quedaría fuera del establecido por el estatuto de limitaciones.

Mi recomendación es que sean muy cautelosos con los casos de esta naturaleza. Son difíciles de probar, y la compañía de cruceros prácticamente nunca jamás llegará a un acuerdo, sin tener que ser llevada ante un tribunal. Eso está bien, aunque hay muchos estudios de abogados (incluido el mío) que se ocupan de casos de accidentes con cruceros. Si sufriste alguna lesión en un crucero, busca uno de los abogados de estos estudios para representarte.

Respecto de los casos de barcos, estos también son con frecuencia complejos y el navegante ordinario no tiene ni la experiencia ni el conocimiento como para manejarlos sin representación. Las lesiones en estos casos tienden a ser graves y el reclamo suele ser contra el capitán del barco. Existen cuestiones relativas a la tripulación, problemas de fabricación de productos y demasiadas cuestiones turbias sobre las normas y reglamentaciones de los barcos como para que las conozca un navegante común. No conseguirás un acuerdo justo si manejas este tipo de casos por tu cuenta.

Como puedes ver, algunos casos de lesiones personales son casi siempre complicados y requieren de un letrado especializado. Lo que está en juego en muchos de estos casos suele también ser muy importante; esa es otra señal de que podrías necesitar contratar a un abogado para que te represente.

Si la vida te pone en una de estas situaciones —o sufres algún accidente automovilístico complejo o grave en el que los daños resulten substanciales— consultar con un abogado y explicarle tu caso siempre será beneficioso. Si el letrado cree tener la experiencia suficiente como para aportar valor a tu caso, te lo hará saber. Tú decidirás y avanzarás para contratar sus servicios, si correspondiera.

Conclusión

Si bien los accidentes automovilísticos ocurren en un abrir y cerrar de ojos, resolver sus consecuencias puede llevar años. Cuando resultas lesionado en un accidente del que no fuiste responsable, puedes sentir como si se tratara de una tarea monumental obtener la compensación que mereces por tus lesiones, los daños a la propiedad y tu dolor y sufrimiento. La parte contraria intentará minimizar tu estado o sugerir que exageras o inventas. Los ajustadores de seguros se mueven lentamente, desacreditan el valor de tus reclamos y utilizan trucos de negociación sutiles para llegar a un acuerdo sobre tu reclamo por la menor cantidad de dinero posible. Los ajustadores negocian todos los días de su vida, todo el tiempo. Son verdaderos expertos. En tanto que tú es muy posible que no hayas estado nunca antes en un accidente de automóvil grave. Para peor, el proceso de resolución de tu reclamo será confuso y estará plagado de incertidumbres. ¿Qué ocurre si me paso de un plazo? ¿Y si mi dolor de cabeza en realidad es indicativo de una lesión cerebral?

Primero, debes estar preparado antes de que algo ocurra. Puedes guardar en tu guantera una copia de la siguiente lista de control, la que también puedes descargar desde el vínculo: www.notagoodneighbor.com.

Lista de control para después de un accidente

Mantén la calma. La seguridad es prioritaria. Asegúrate de no estar gravemente herido. Luego, llama a la policía.

Nunca olvides llevar tu licencia de conducir al manejar.

Guarda una copia de tu seguro de automotor en el automóvil. Así, siempre la tendrás a mano.

Yo guardo, además, una copia de mi registro de conducir en la guantera. Mucha gente advierte que no es conveniente hacerlo, pero yo opino lo contrario.

Nunca está de más tener un kit de primeros auxilios y uno de emergencia en el baúl de tu automóvil. En el kit de emergencia puedes guardar algunos conos naranja o banderas para protegerte si tu automóvil llegara a averiarse y tuvieras que hacerte a un costado de la carretera.

Si tienes un accidente, primero asegúrate de encontrarte bien. Tómate un instante. No es necesario que te apresures a salir del automóvil. El humo que observas se libera durante el accionamiento de los *airbags*. Después de un accidente, los automóviles no explotan como vemos en las películas. Puedes tomarte un momento antes de salir del vehículo. Recuerda: tu cuerpo NO dolerá apenas ocurrido el accidente; tu nivel de adrenalina está al máximo y eso hace que el dolor se disipe. Una vez que te aseguraste de no estar muy malherido, puedes buscar tu lista de control. La necesitarás. Es imposible pensar claramente luego de haber sufrido un accidente. Necesitarás una lista de pasos a seguir para proteger tus derechos.

- Primero, NO abandones el lugar. No te retires. Permanece en la escena.

- Una vez que estés seguro de que te encuentras bien, verifica también que el otro conductor no esté gravemente lesionado. La mayoría de las veces, si el choque fue ocasionado por un error, el otro conductor se sentirá muy mal por haber provocado el accidente. Si te acercas para ver cómo se encuentra, estás demostrando que eres una buena persona. Asimismo, sirve hablar con la otra parte y ver si obtienes una disculpa, la que puede servirte en el futuro.

- Llama al 911 y pide que envíen un patrullero, y una ambulancia. Cualquiera de los involucrados que necesite atención médica debe obtenerla a la mayor brevedad. Aunque las lesiones sean leves, llama a la policía. El oficial será quien redacte un informe de los daños a la propiedad, la infracción e, incluso, puede advertir si existen lesiones. Si nadie resultó herido, será tentador evitar llamar a la policía. Algunos conductores culpables incluso pueden pedirte que no lo hagas, que les des "un respiro". No te dejes convencer. Llama a la policía y consigue un informe. Existen demasiadas historias de personas muy amables que sufrieron lesiones, pero no llamaron a la policía ni documentaron la falta, para luego ver sus reclamos subestimados por el conductor responsable de la colisión, quien cambia la versión de su historia y no admite culpa alguna.

- En muchas jurisdicciones es posible presentar un informe policial luego de haber abandonado la escena del accidente. No obstante, esta no es una forma muy efectiva de documentar tu caso. Ante todo, logra obtener tu informe policial llamando inmediatamente a la estación de policía correspondiente.

- Si puedes, toma fotografías de las posiciones en que se encuentran los vehículos después del accidente. Esa es la mejor prueba que puedes obtener. Una vez que tienes las fotos de la escena con los automóviles en ellas, desplaza tu auto a un costado del camino para no interrumpir el tránsito y enciende las luces de emergencia.

- Saca más fotografías del daño causado a los automóviles y de los alrededores del lugar. Presta atención a la secuencia de los semáforos si el accidente ocurrió en una intersección con semáforos.

- Guarda un pequeño anotador en la guantera y toma notas. Obtén los nombres, domicilios, correos electrónicos y números de celular de todos los testigos, y asegúrate de que te cuenten su historia. Verifica si encuentras cámaras en propiedades adyacentes. Escribe los detalles de la escena del accidente para preservar las pruebas lo mejor que puedas. Anota la información del conductor culpable y asegúrate de registrar tú mismo o el agente de policía: su nombre, domicilio, número de celular y dirección de correo electrónico.

- No seas tímido/a. Habla con cualquier testigo que encuentres. Seguramente quieran ayudarte si no fuiste el responsable de provocar el accidente.

- Si en la escena se presenta un agente de seguros, no firmes ningún tipo de documento. Puedes firmar el informe del accidente redactado por la policía, pero antes verifica que la información consignada sea exacta.

- NO admitas ningún tipo de culpa. Si fue tu responsabilidad, no hables sobre el accidente con nadie en la escena. No le entregues tu licencia de conducir a nadie que no sea el oficial de policía y únicamente para que la verifique.

- No debes abandonar la escena del accidente hasta después de que la policía te diga que es seguro hacerlo.

Cómo iniciar tu reclamo

Después del accidente debes comenzar con el proceso de reclamo. Puedes hacerlo comunicándote con tu compañía de seguros. Pídeles que abran un nuevo reclamo. Explica lo ocurrido en la colisión. Sé claro respecto de tu versión de lo ocurrido. No vayas y vengas entre la descripción de los hechos o tus sentimientos o alguna lesión que sufriste. Solo describe los hechos al ajustador del seguro. Sé conciso. Sé claro. Cuando te pregunten, debes describir tu lesión en términos generales, desde la punta de la cabeza hasta la punta de los dedos de tus pies. Enumera todas tus lesiones —literalmente nombra cualquier molestia que sientas. Si te duele un diente después del accidente, informa al ajustador. Si tu vieja lesión en la espalda comienza a doler otra vez, habla sobre ello con el ajustador.

Aquí tenemos otros pasos clave que debes recordar:

- Llama a la estación de policía y averigua cuándo estará listo el informe del accidente para que puedas ir a retirarlo. Asegúrate de obtener una copia de todos los informes del accidente escritos por la policía.

- Guarda notas detalladas de todas tus conversaciones. Escribe la fecha, la persona con la que hablaste de la compañía de seguros y el tema de la conversación. Escribe una lista de todas tus heridas en un registro de lesiones. Haz un seguimiento de tu tratamiento médico, indica en él quién fue el médico que te atendió, la fecha, el diagnóstico y el tratamiento que estés recibiendo.

- Llama al taller mecánico para pedir un estimativo de los costos de reparación de los daños ocasionados a la propiedad.

- En el caso que debas brindar una declaración para cualquiera de las compañías de seguros, deberás tomar una decisión difícil: llevarás adelante el caso por tu cuenta o contratarás a un abogado experto en lesiones personales para que te ayude durante la entrevista.

Todo esto puede parecer abrumador. Por eso es que he escrito este libro.

Esta publicación tiene por objetivo servir de guía para que encuentres la manera de enfrentar las cuestiones más complicadas que surgen como consecuencia de un accidente automovilístico. Mi meta es brindarte la información necesaria para decidir si debes contratar a un abogado para agregar valor a tu caso. Creo que después de leer este libro, muchas personas estarán en condiciones de decidir que no necesitan un abogado; mientras que otras, estoy seguro, considerarán que contar con representación legal resulta lo más sensato.

Sea como sea, espero que este libro te sirva para ahorrar tiempo y dinero, así como también para evitar las dificultades inherentes a estos casos.

Asimismo, es mi deseo transmitirte con este libro cierta paz mental. Aun si terminas contratando a un abogado para ayudarte a llegar a un acuerdo, lo que intento es que comprendas el proceso lo mejor posible y que te posiciones de manera tal de que puedas ayudar a tu propio letrado a obtener el valor completo de tu caso.

Recuerda que las compañías de seguros tiene por prioridad una y sólo una cuestión: ayudarte lo menos posible. Estas compañías son demencialmente rentables porque logran hacerte contratar un seguro más amplio del que necesitas y luego te pagan lo menos posible cuando presentas un reclamo. La compañía de seguros —sea la del otro conductor o la tuya— no va a pelear por ti. Sólo peleará por sus propias ganancias.

Utiliza este libro como arma para luchar tú mismo contra ellas. Úsalo para determinar si tu caso es lo suficientemente simple como para que puedas manejarlo tú mismo, o si, por el contrario, es necesario que contrates a un experto. La mayoría de nosotros no sufrimos, si es que alguna vez lo hacemos, lesiones ocasionadas por un accidente automovilístico, por lo tanto, guárdalo como referencia por si alguna vez llegaras a necesitarlo.

Lo más importante que debes recordar es que nadie protegerá tus intereses mejor que tú mismo. Tu compañía de seguros no lo hará. El oficial de policía que responda a la escena del accidente tampoco lo hará. Y, definitivamente, menos lo hará el otro conductor.

Tienes que valerte por ti mismo.

Contratar el seguro correcto

El primer paso para prepararte en caso de que sufras un accidente comienza mucho antes de que te sientes detrás del volante. Ese primer paso lo das cuando contratas la póliza de seguro apropiada para ti. No solo deberás comprender los requisitos de seguros que rigen en tu estado, sino que también deberás asegurarte de que tu cobertura por responsabilidad civil sea lo suficientemente amplia como para protegerte cuando seas responsable de un siniestro. Además, desearás también tener seguro médico suficiente y saber que estás cubierto, incluso si el conductor en falta no tiene seguro o no tiene seguro suficiente.

Al conducir, ten en cuenta dónde están los lugares que presentan algún tipo de peligro y avanza por ellos con mucha cautela. En los Estados Unidos se registran, por año, más de siete millones de accidentes automovilísticos, de los cuales un tercio termina en lesiones.

El más común entre los accidentes automovilísticos es el de colisión trasera, así que evita conducir muy cerca del vehículo que va delante. Si alguien está muy pegado a la parte de atrás de tu automóvil, muévete a la derecha y deja pasar a ese conductor imprudente. Utiliza siempre las luces de giro. Sé especialmente cuidadoso en las grandes intersecciones; alrededor de un cuarto de todos los accidentes graves resultan de las colisiones laterales y de las colisiones en dos dimensiones. Estos ocurren cuando estás girando hacia de izquierda y tu visión del tránsito que viene puede verse afectada por un auto que viene de frente. En las intersecciones muy transitadas, en las que puede haber personas en las sendas peatonales o ciclistas que pueden estar ocupando parte del carril, tómate tu tiempo para pensar la mejor maniobra. No te apures a pasar y dejes tu suerte al azar.

En esta misma línea, nunca aceleres para evitar detenerte ante un semáforo que está por cambiar a rojo. No realices giros si la luz está en rojo. Verifica todos los puntos ciegos antes de cambiar de carril.

Las colisiones frontales ocurren cuando el frente de un automóvil embiste un poste de teléfono, un árbol u otro vehículo. La mayoría de estos accidentes son causados por conductores que se distraen, se adormecen, o en caminos resbaladizos. Así que déjame unirme al coro cantor de esta advertencia universal: no escribas y mandes mensajes mientras conduces. Cuando miras rápidamente hacia abajo para buscar el emoji correcto en tu celular, en ese mismo instante tu automóvil puede recorrer la distancia de toda una cancha de fútbol.

Antes de retirarte de la escena

De todos modos, los accidentes suceden.

Cuando esto ocurra, utiliza toda la confianza que has ganado al leer este libro para reaccionar con sangre fría en la escena del accidente. Toma fotos, graba videos, pregunta a los testigos y afirma tu inocencia ante el oficial de policía que esté en la escena del accidente.

En los casos en que hayas resultado herido es crucial que obtengas tratamiento médico de inmediato. Ve al hospital como primera medida para que te traten y, luego, recurre a especialistas para que atiendan tus lesiones específicas. No te hagas el héroe. Recuerda: tus lesiones pueden no ser evidentes en un primer momento y algunos problemas médicos graves no se manifiestan hasta después de un par de semanas. No des por sentado que estás bien y que simplemente te puedes "ir como si nada hubiera pasado".

Es conveniente encontrar médicos empáticos para con las víctimas de accidentes automovilísticos y por lo que ellas deben atravesar. Los quiroprácticos, por ejemplo, son generalmente muy habilidosos en documentar las lesiones ocasionadas por el trauma. Te ayudarán a conseguir los estudios de diagnóstico que necesites y cualquier otro cuidado especializado, si corresponde. Los quiroprácticos, ortopedistas y neurólogos pueden ser vitales para ayudarte a documentar tus lesiones y construir tu caso. Solo sé consciente de que algunos médicos no mostrarán empatía alguna; estos son los "médicos de la defensa" y probablemente subestimen la seriedad de tus lesiones. Busca un doctor empático que obtenga para ti el tratamiento adecuado y lo documente de manera correcta para respaldar tu reclamo.

¿Necesitas un abogado?

Si después de un accidente no sabes si debes contratar a un abogado, puede ser útil responder a una serie de preguntas para aclarar tu mente. A continuación, las preguntas clave:

- ¿Qué tan grave es mi lesión? Si tus lesiones son relevantes, esto se traducirá en daños importantes y nunca conseguirás el dinero suficiente sin la asistencia de un abogado. Las únicas lesiones que puedes manejar tú mismo son aquellas muy leves y temporarias.

- ¿Fue otra persona responsable de causar tus lesiones? Si sufriste alguna lesión, la única forma de hacer un reclamo es si puedes probar que otra persona fue culpable. Algunas veces esto es fácil de probar, como cuando estás en una colisión y el otro conductor recibe una multa por haberla causado. Otras veces, no es tan sencillo probar la falta y puede ser que necesites la ayuda de un abogado.

- ¿La persona culpable de que haya resultado lesionado tiene la capacidad económica para cubrir los daños que he sufrido? Si es así, ¿cómo haré para que me pague? El ajustador del seguro del conductor culpable sabrá cuáles son los límites de la póliza de su cliente y ello evidenciará si la aseguradora se responsabilizará y pagará el reclamo. Si vas a manejar esto solo, tendrás que negociar con el ajustador. Si se rehúsa a pagar la suma que consideras tu límite de compensación más bajo aceptable, entonces, tal vez sea mejor contratar un abogado e iniciar juicio para obtener una compensación justa.

- En el caso de que no tenga capacidad para pagar, ¿tengo un seguro suficiente que me cubra? En este escenario, seguramente uses tu propia póliza de conductor sin seguro o de conductor sin seguro suficiente para obtener una indemnización por tus lesiones. Tu compañía de seguros puede, más adelante, demandar a la otra parte para obtener el reintegro correspondiente.

- ¿Si el conductor en falta no puede pagar y yo tampoco tengo cobertura suficiente, puede ser que exista un tercero que en realidad fue responsable por causar el accidente y yo no lo advertí antes? No hace mucho tiempo, surgió un caso en el que el conductor de una furgoneta estaba ingresando en un centro de vida asistida en Miami. Cuando el conductor estaba apenas cruzando la acera, apareció de pronto, allí mismo, un joven de catorce años que venía en su patineta. El conductor no lo vio, lo embistió y el joven perdió la vida. Se trató de un accidente muy grave, pero el seguro del conductor de la furgoneta tenía un límite de solo $50.000. Sin embargo, cuando comenzamos a investigar descubrimos que la razón por la cual el muchacho había supuestamente aparecido de la nada era porque había un arbusto no podado que

tapaba la vista y estaba ubicado junto a la acera. El arbusto perte-
necía al centro de vida asistida y esta instalación tenía una póliza
con un límite de un millón de dólares. La compañía de seguros
del centro de vida asistida ofreció ese millón de dólares a la familia del joven que había muerto.

Firma del formulario de liberación

La parte más importante y peligrosa del proceso para llegar a un acuerdo
en tu caso de accidente automovilístico surge una vez que acuerdas un
monto y la compañía de seguros requiere que firmes un documento denominado formulario de liberación. Este documento sirve a las compañías
de seguros para garantizar que una vez que firmas la liberación, estás fir-
mando el adiós a tu derecho a litigar —salvo que específicamente te ase-
gures de que la liberación se limita únicamente a lo específico por lo cual
estás recibiendo compensación.

Esta liberación constituye un documento legal oficial. La clave aquí
está en poder leer textos redactados con terminología legal y estructuras
complejas. No existe nada que pueda decirte para endulzar este hecho.
No creo que pueda prepararte adecuadamente para lidiar con todas las
contingencias que encontrarás en un formulario de liberación, especialmente porque cada compañía de seguros tiene su propio tipo de documentos legales.

Mi consejo es que leas la carta de liberación concienzudamente. Si
no la entiendes, pide ayuda. Si el caso es sencillo —por ejemplo, cuando las
partes involucradas en el accidente son solo dos y el seguro del demandado
puede cubrir la totalidad de los daños ocasionados sin necesidad de recurrir a la cobertura para conductores sin seguro o sin seguro suficiente—
entonces la libración, por lo general, es bastante directa.

Sin embargo, algunos casos son más complicados. Cuando existe
más de una parte con la que debes lidiar, o cuando intentas cobrar dos

seguros diferentes, o debes enfrentar a dos o más demandados. En este tipo de casos, la carta de liberación probablemente sea más compleja y puede que necesites consejo antes de firmarla. Tal vez sea bueno contratar a un abogado para que lea la liberación y te aconseje al respecto, a cambio de una pequeña remuneración. Creo que esto aportaría a tu propia tranquilidad mental.

¿Qué sigue ahora?

Mi llamada a la acción en este libro es sencilla: si estuviste en un accidente vehicular que no fue tu culpa y tus lesiones son leves, manéjalo tú mismo. Deja tu caso fuera del sistema legal.

Los casos que valen menos de $30.000 no son suficientemente graves como para llevarlos a juicio. Puedes buscar representación legal, pero lo más probable es que el abogado no logre incrementar demasiado el valor de la compensación y sus honorarios solo disminuirán el dinero que percibas. Además, no existe razón por la cuál no deberías avanzar por tu cuenta a través de las distintas etapas del sistema y obtener un acuerdo que consideres una compensación justa.

Actualmente existen demasiadas personas en el mundo que creen que sus reclamos por lesiones leves pueden valer $1 millón en indemnización y que el brillante abogado que aparece en todos los anuncios publicitarios va a convertir un accidente de golpe en el guardabarros en un caso que se traduzca en un acuerdo por una suma de $820.000. La verdad es que nunca se otorgará una compensación semejante a nadie que haya sufrido lesiones leves. Lo cierto es que ingresar un caso no muy relevante al sistema judicial resulta demasiado oneroso. Para hacerlo, tenemos que hablar de honorarios de $20.000 para que un abogado litigue un caso de accidente automovilístico; es por esto que el 99 por ciento de este tipo de casos se resuelven sin pasar por un tribunal.

No te dejes engañar y creas en las falsas expectativas que buscan generar los anuncios publicitarios en los que los demandantes proclaman: "¡Obtuve $820.000!" Si eso fuera verdad, esa persona no estaría ahí en la foto sonriendo. Algo terrible le tendría que haber ocurrido en el accidente para que haya obtenido semejante suma en compensación. La rotación en las grandes firmas es muy alta, lo que en otras palabras quiere decir que obtienen acuerdos rápidos por montos bajos. Entonces estas compañías se quedan con el 33 por ciento del poco dinero obtenido como compensación, además pagan los sobornos correspondientes a los médicos y, por último, entregan a sus clientes unos pocos centavos por cada dólar recaudado. Estos casos sí podrían ser gestionados sin un abogado.

Te diré para qué espero que utilices este libro:

- Para determinar rápidamente si tienes un caso de lesión que puedas manejar por tu cuenta o que justifique ir a juicio.

- Para saber qué pasos seguir antes y después de un accidente a los fines de proteger tus derechos e, independientemente de si deseas presentar un reclamo, para que puedas protegerte a ti mismo y a tu familia.

- Para comprender qué es lo que te espera si decides litigar y sepas qué hacer sin un abogado, o qué esperar si contratas a uno.

- Para comprender por qué deberías invertir dinero en contratar mejores seguros para ti y tus seres queridos. Para que cuando reconozcas el peligro y la vulnerabilidad, sepas que pagar por la cobertura es una muy sabia decisión. Para que entiendas el proceso del seguro de automotores y los distintos tipos de cobertura que te ayudarán a contratar la mejor para todos los que estén en tu vehículo. Para que sepas que estarás protegido si lastimas a alguien y que no será necesario que te declaren en quiebra, y que si otro conductor te choca y es su culpa, mas tiene un seguro insuficiente, igualmente estarás protegido.

- Para negociar mejor. Comprender el proceso y tener una buena idea del verdadero valor de tus lesiones, lo que te servirá para negociar con los ajustadores entrenados en técnicas de negociación y que cuentan con análisis informáticos avanzados para establecer el valor de la lesión que sufriste. Tal vez, incluso más allá de tu caso, utilizarás las técnicas de negociación descriptas en este libro para negociar con tu cónyuge, jefe o el vendedor de autos. Se trata de saber que la primera oferta de acuerdo no tiene por qué ser la última y que no estás obligado a aceptarla.

- Para que recibas cuidados médicos adecuados. Esto es relevante no sólo por razones de salud, sino también por la cuestión de la documentación necesaria. Las compañías de seguros deben ver las pruebas de la lesión y los hospitales y médicos son una parte importante de esa documentación. Conocer cómo debes usar tu seguro de automotor para pagar por la calidad de tu atención médica es crucial para mejorar, ayudar a medir y demostrar el alcance de tus daños.

- Para encontrar un abogado que sea el ideal para ti. Cuando sabes qué tener en cuenta al buscar un buen abogado —alguien con la experiencia y especialización apropiadas para la categoría de tu caso— siempre saldrás ganando.

Por último, si en una negociación de acuerdo llegas a un punto en que el ajustador del seguro está siendo absolutamente injusto; espero que llames a alguien para que te ayude. No obstante lo que puedas escuchar acerca de los abogados de lesiones personales, la gran mayoría de nosotros buscamos proteger a las personas que representamos y, por ello, desconfiamos profundamente de las compañías de seguros. Nuestro compromiso está en garantizar tu máximo bienestar jurídico al enfrentar a las aseguradoras. Buscar asesoramiento independiente sin demora puede servir para que resuelvas el caso por tu cuenta y recibas la compensación que realmente mereces.

APÉNDICE A

Guarda una copia de esta lista en la guantera de tu automóvil, junto con el registro del vehículo y la póliza de seguro.

1. ALTO

   Nunca te vayas. Según la ley que rige en el estado de Florida, abandonar la escena de un accidente automovilístico es un delito. Puedes enfrentar cargos leves o graves, según si hubo lesión o fatalidad.

   Si tu vehículo está entorpeciendo el flujo de tránsito y no compromete la seguridad de nadie, muévelo hacia el lado de la carretera. Enciende bengalas y/o enciende las luces de emergencia.

2. VERIFICA SI HAY LESIONES

   Revisa si estás herido y verifica el bienestar de los pasajeros. Fíjate si hay lesiones visibles. Si estás en condiciones de hacerlo, verifica cómo se encuentra el conductor / pasajeros del otro vehículo/s. No admitas culpa, ni te hagas cargo del accidente. Es una reacción natural decir: "Lo siento mucho, ¿te encuentras bien?". Disculparse, incluso si no fue tu culpa, puede ser algo automático para algunas personas. Pero la empresa de seguros puede tomarlo como una admisión de culpa y utilizarlo como motivo para limitar o negar un reclamo. Limítate a preguntar si el otro conductor está herido y busca asistencia.

3. LLAMA AL 911 O A LA LINEA POLICIAL DE NO EMERGENCIAS

Incluso en un accidente automovilístico menor, quédate en el lugar del hecho. Debes reportar el accidente si:

- El accidente causa algún daño material, incluso daño en la pintura a uno o más vehículos.

- Hay lesiones o señal de dolor o molestia.

- Uno o más vehículos deben ser retirados, por la grúa, de la escena del siniestro.

- Un vehículo comercial se vio afectado.

- El accidente involucra a un conductor que da la impresión de estar bajo los efectos de alcohol o de drogas.

Técnicamente, no es necesario que llames desde la escena del siniestro si no hubo daño o si el daño a los vehículos fue mínimo, pero debes denunciar el accidente dentro de los 10 días del hecho. No obstante, lo más recomendable, en el caso de que no hayas tenido responsabilidad, es llamar a la policía para que acuda a la escena y solicitar que confeccionen un informe. Comunicarse con la policía no tiene costo alguno, y te ahorrará posibles disputas en el futuro respecto de la culpabilidad o de quién pagará los daños materiales de los vehículos. Por supuesto, si hay daño material real o lesiones debes llamar de inmediato a la policía. La policía te brindará un número de denuncia de siniestro. Puedes usarlo para obtener un informe de accidente una vez que se haya concluido la investigación.

4. INTERCAMBIA INFORMACIÓN DE CONTACTO

Brinda al otro conductor los datos que figuran en tu tarjeta de seguro (nombre, nombre del titular de la póliza, información sobre el vehículo, nombre de la aseguradora, nombre del representante, teléfono de contacto del representante, y número de póliza). No brindes información de carácter personal, tal como tu domicilio. Asegúrate de conseguir la misma información del otro/s conductor/es.

5. DOCUMENTA LA ESCENA

Lo que ocurre después de un accidente automovilístico puede ser caótico. Siempre prioriza la seguridad. Sin interferir con la labor policial y con la circulación, toma fotografías de:

- Cada vehículo
- Cada patente
- Todo daño material
- Marcas de neumáticos
- Marcadores de ubicación (por ejemplo, placa de calle)
- Escombros o restos del accidente
- Daños a otra propiedad
- Intenta localizar cámaras en la vía pública, en casas o edificios. Si te encuentras en un barrio residencial, busca cámaras en los timbres de las puertas de calle.
- Si tienes papel, dibuja un croquis de la escena que muestra la posición de los vehículos, peatones, testigos, ubicación de las calles, etc. No tiene que ser una obra de arte, pero asegúrate de incluir los datos cruciales.

6. BUSCA ASISTENCIA MÉDICA

Cuando te ves involucrado en un accidente de automóvil, tu cuerpo libera hormonas, como la adrenalina y el cortisol. Es la respuesta de lucha o huida cuyo propósito es ayudarnos a atravesar situaciones estresantes y aterradoras. Sin lugar a duda, un choque entra en este grupo. Estas hormonas, sin embargo, pueden enmascarar miedo. Es por este motivo que a menudo nos sentimos bien después de un accidente leve, pero al día siguiente nos despertamos con dolores y molestias.

Los síntomas pueden demorar horas e incluso días en manifestarse, pero las cuestiones graves tales como hemorragia interna y lesiones en cabeza, cuello o columna pueden agravarse si no se tratan de inmediato. Aun si te sientes bien o tal vez sólo un poco "sacudido", debes buscar asistencia médica. Este es un paso importante, asimismo, para recibir la compensación correspondiente y si decides iniciar acciones legales.

7. NOTIFICA A LA COMPAÑÍA DE SEGUROS

Debes denunciar el accidente a la aseguradora. Muchas compañías exigen que lo hagas de inmediato. Lee la póliza y fíjate cuanto tiempo tienes. En cualquier caso, es mejor hacerlo enseguida y no postergarlo. Brinda los datos del accidente con la mayor exactitud posible y no supongas ni especules. Simplemente informa los hechos. Te brindarán un número de reclamo. Guárdalo para tu registro (más información sobre esto en un minuto).

8. NO ACEPTES UNA OFERTA DE ACUERDO

Las compañías de seguros son entidades que generan enormes ganancias. Buscan mantener al mínimo el monto que egresa, por lo que a menudo, no bien se inicia el reclamo ofrecen una cifra muy baja para llegar a un acuerdo. En un principio tal vez suene razonable, pero espera. ¿Y si tus lesiones empeoran? ¿Y si requieres de un tratamiento más intensivo o más prolongado? ¿Y si cuesta más dinero reparar o reemplazar tu automóvil? ¿Y si no te es posible reincorporarte al trabajo cuando tenías planificado?

El dinero de ese acuerdo puede esfumarse pronto y entonces deberás cargar con gastos no contemplados. Lo más aconsejable es buscar el asesoramiento de un abogado especialista en accidentes automovilísticos antes de aceptar cualquier oferta de acuerdo.

Otro punto relacionado: no firmes nada, a menos que proceda de la fuerza policial o de tu agente de seguros.

9. LLEVA REGISTRO

Toma nota de todo:

- Las fotografías que tú tomes en la escena del siniestro, el daño al vehículo, y las lesiones visibles.
- Un croquis de la escena.
- Los datos de contacto del otro conductor y los datos de su cobertura.
- El informe policial.
- Todos los registros médicos relacionados con el accidente.
- Todos los gastos vinculados a tu tratamiento (p. ej., facturas médicas, dispositivos de asistencia, collarín, etc.).
- Números de reclamo.
- Una lista en la que figuren todos aquellos con quienes hablaste (ej., personal policial, agentes de seguro, ajustadores de reclamo, etc.) y un breve resumen de las conversaciones que mantuvieron.
- Toda correspondencia escrita emitida por la policía, las aseguradoras, etc. vinculadas a tu accidente.
- Recibos de gastos vinculados a tu accidente (p. ej., alquiler de automóvil, gastos de reparación mecánica, viáticos, etc.).

10. VERIFICA EL SEGURO AUTOMOTRIZ PARA GASTOS MÉDICOS

Si posees seguro de Protección por Lesiones Personales (PIP) o una cobertura por gastos médicos (MED PAY) debes verificar que la atención médica que recibas sea cubierta mediante tu seguro automotor; NO a través de tu seguro de salud.

APÉNDICE B
ETAPA PRELIMINAR AL JUICIO

01 – LOS INCIDENTES OCURREN

- Si estás herido, no digas que te sientes BIEN.
- Obtén copia del informe policial y busca atención médica.
- Recopila fotos e información de los testigos.

02 – ORGANIZA EL RECLAMO

- Comunícate con las compañías de seguros y obtén los números de reclamo.
- Obtén el informe policial del accidente.
- Haz reparar tu automóvil o negocia su pérdida total.

03 - ESTABLECE RESPONSABILIDAD, LESIONES Y DAÑOS

- Recopila información sobre la responsabilidad/declaraciones de testigos.
- Sigue tratando con tu médico o médicos.
- Documenta las pérdidas económicas, por ejemplo, daños a la propiedad, facturas médicas y lucro cesante.

04 – NEGOCIA UN ACUERDO

- Agrupa todas las pruebas de responsabilidad y daños que hayas obtenido.

- Envía una carta de acuerdo con un plazo estipulado.

- Incluye información sobre tu pena y sufrimiento.

05 – ACUERDO Y LIBERACIÓN

- Comunícate con el ajustador si se vence el plazo.

- Negocia un acuerdo justo.

- TEN CUIDADO CON EL LENGUAJE DE LA CARTA DE LIBERACIÓN.

06 – RESUELVE EL CASO O LITIGA

- **Si no logras llegar a un acuerdo, es momento de CONTRATAR A UN ABOGADO y litigar.**

APÉNDICE C
CARTA DE INFORME POLICIAL

> **ENVÍA ESTO A LA ESTACIÓN DE POLICÍA** que haya respondido a tu accidente. Puedes enviarlo inmediatamente después del accidente, pero ten en cuenta que algunas estaciones pueden demorar en recibir el informe del oficial entre una y dos semanas después del incidente.

Fecha

ESTACIÓN DE POLICÍA

Dirección

Ciudad, Código postal

Ref.: NOMBRE DE LA VÍCTIMA DEL ACCIDENTE: *Tu nombre*

FECHA DEL ACCIDENTE: *fecha*

Estimado SEÑOR/SEÑORA

Sírvase aceptar la presente como mi solicitud por escrito, conforme a la Ley de Registro Público de información, respecto del siguiente accidente con la mayor celeridad:

✓ Fecha del accidente: *Fecha*.

✓ Lugar del accidente: *Nombre de la calle, Ciudad, Estado.*

✓ Conductores involucrados: *Nombres de los conductores identificados.*

✓ Investigador: *Nombre del oficial.*

✓ Número de informe: *Número.*

Tenga a bien enviarme una copia del informe policial, memorándum y toda nota de la investigación sobre el accidente indicado más arriba.

Si existiera algún arancel de búsqueda y/o gastos por copia respecto de esta solicitud, infórmeme de ello a los fines de que pueda realizar el pago correspondiente. Asimismo, solicito se me indique si puedo acercarme hasta la estación para abonar el arancel correspondiente y retirar el informe, o bien, si aceptan pagos realizados telefónicamente o por cheque enviado por correo postal; y si el informe está disponible en formato electrónico.

Por cualquier pregunta, contáctese conmigo al (XXX)XXX-XXXX.

Agradezco desde ya su cortesía y cooperación.

Saludos cordiales,

Tu nombre

Dirección

Ciudad, Código postal del estado

Número de teléfono móvil

Dirección de correo electrónico

APÉNDICE D

CARTA DE INFORMACIÓN SOBRE SEGURO

> **Envía esto a la compañía de seguros del conductor culpable INMEDIATAMENTE después del accidente.**

Fecha

NOMBRE DE LA COMPAÑÍA DE SEGUROS

Dirección

Ciudad, Código postal del estado

Ref: Demandante: *Tu nombre*

Demandado: *Nombre del demandado*

Fecha de pérdida: *Fecha*

Reclamo número: *Tu número de reclamo*

Estimado NOMBRE DEL AJUSTADOR DE SEGUROS:

Mi nombre es NOMBRE COMPLETO y estuve involucrado en el accidente que se indica más arriba. Desearía solicitarle la divulgación de la información oficial de la totalidad de los límites aplicables al seguro de la persona ut-supra, quien también ha sido parte involucrada en este accidente. En el caso de que usted cuente con declaraciones, escritas o verbales, relativas al accidente en cuestión, ruego tenga a bien enviarlas con el resto de la información solicitada.

La responsabilidad por el accidente recae sobre el Demandado, quien también ha sido culpable por los daños ocasionados a mi persona. Además, teniendo en cuenta que considero al Demandado responsable por los daños que he sufrido, actualmente estoy recopilando la información correspondiente a la cobertura de seguros para cubrir los daños mencionados, así como también utilizaré mi propia cobertura de primera persona para ayudarme a resolver esta situación.

Asimismo, solicito que el/los vehículo/s involucrados sean preservados a los fines de su correspondiente inspección. Esta solicitud incluye, sin carácter limitativo, cinta/s de video, fotografías, cualquier prueba física, facturas de compras, registros de reparación, manuales y registros de servicios relacionados con el incidente, y/o cualquier otro tipo de pruebas disponibles. En el caso de que se haya programado la reparación del vehículo, ordeno que todo este tipo de pruebas sean preservadas y que se me de la oportunidad de examinar el vehículo, antes de su reparación.

Solicito también, tenga a bien, suministrarme una copia de todas las grabaciones de audio y/o video del accidente en sí, así como de la zona donde el mismo tuvo lugar, correspondientes a una hora antes y una hora después del incidente.

En el caso de que tanto usted como su compañía no tengan la voluntad de preservar las pruebas indicadas, sírvase comunicármelo para que pueda tomar las medidas necesarias a los fines de que la evidencia sea examinada inmediatamente por un perito de mi parte.

Tenga en consideración que su incumplimiento respecto de la provisión o preservación de toda prueba indicada podrá resultar en sanciones aplicables a su persona y a la de su asegurado.

Entregaré cualquier documento o registro en mi posesión que fuera necesario para su propia investigación. Asimismo, aclaro que las discusiones y negociaciones respecto de mi(s) reclamo(s) deberán realizarse, directa y únicamente, conmigo. Por el momento, no cuento con representación legal respecto de este incidente. Sólo deberá contactarse o comunicarse conmigo.

Sírvase proporcionar la siguiente información, bajo la figura de declaración jurada, sobre cada póliza de seguro conocida, lo que incluye la cobertura deducible o paraguas, que pudiera brindar cobertura de seguro de responsabilidad civil para este reclamo:

1. Nombre de la(s) aseguradora(s);

2. Nombre de cada asegurado;

3. Copia certificada de límites de cobertura de responsabilidad civil:

   a. Por lesiones personales,

   b. Por daños a la propiedad,

   c. Gastos médicos,

   d. Protección por lesiones personales,

   e. Cobertura para conductores sin seguro y cualquier otro tipo de cobertura;

4. Una declaración de cualquier defensa de póliza o cobertura que su compañía razonablemente considere disponible; y

5. Copia certificada de todas y cada una de las pólizas.

La información solicitada deberá ser suministrada dentro de los (30) días, contados a partir de la fecha de emisión de esta carta y debe incluir una declaración jurada de un ejecutivo de la compañía.

Saludos cordiales,

Tu nombre

Dirección

Ciudad, Código postal del estado

Número de teléfono móvil

Dirección de correo electrónico

APÉNDICE E
CARTA Y CUESTIONARIO PARA TESTIGOS

> **ENVÍA ESTA DECLARACIÓN DE TESTIGO** a cualquier persona que haya estado en la escena del accidente y haya sido testigo de la colisión o el comportamiento de cualquiera de las partes, antes y después del accidente.

Fecha

NOMBRE

Dirección

Ciudad, Código postal del estado

Estimado/a NOMBRE DEL TESTIGO:

Mi nombre es NOMBRE COMPLETO. Estuve involucrado en un accidente en la fecha que se indica más arriba y he presentado un reclamo ante la aseguradora para cubrir mis gastos médicos, lucro cesante y daños.

Me indicaron recopilar las declaraciones de los testigos. En lugar de incomodarle con una llamada telefónica o reunión, pensé que este cuestionario le resultaría más fácil de completar y enviármelo por correo en el sobre estampillado que se adjunta, con la dirección ya escrita.

En el caso de que quisiera conversar conmigo, no dude en comunicarse en cualquier momento a mi teléfono móvil (XXX)XXX-XXXX.

Agradezco desde ya cualquier ayuda que pueda brindarme.

Saludos cordiales,

Tu nombre

Dirección

Ciudad, Código postal del estado

Número de teléfono móvil

Dirección de correo electrónico

FECHA: _____ , **20** _____ _____

DECLARACIÓN DE TESTIGO

En relación con: *Tu nombre*

Fecha del accidente: *Mes/Día/Año*

Sírvase completar las siguientes preguntas. Utilice el dorso de esta página para explicar cualquier respuesta que no quepa en estas líneas.

1. Su nombre:

2. Dirección:

3. Número de teléfono particular:

4. Número de teléfono laboral:

5. Dirección laboral:

6. Nombre/dirección/teléfono de la persona que siempre sabe cómo ponerse en contacto con usted:

7. ¿Cuál es su relación, si la tiene, con las partes de este accidente?

8. Si uno o más automóviles estuvieron involucrados en este accidente, describa el/los vehículo/s:

9. En el caso de que un peatón haya estado involucrado, describa su indumentaria y el recorrido, y explique su participación en el accidente:

10. Si una bicicleta participó en el incidente, describa la bicicleta, el recorrido, y explique su participación en el accidente:

11. ¿Qué fue lo que le hizo prestar atención al accidente?

12. Describa el clima y/o las condiciones de iluminación en la escena del accidente:

13. ¿Vio usted el accidente?   Sí   No

14. ¿Escuchó usted el accidente?   Sí   No

15. En caso afirmativo, describa dónde se encontraba en relación con el accidente y lo que vio y escuchó:

16. En el caso de que no haya visto ni escuchado el accidente, ¿llegó a la escena luego de ocurrido el mismo?   Sí   No

En caso afirmativo, describa lo que vio y escuchó cuando llegó a la escena:

17. Si escuchó alguna conversación, identifique a la persona a quién escuchó y también a la persona con quien ésta conversaba, si es posible:

18. ¿Observó a alguien que parecía haber sufrido alguna clase de lesión?   Sí   No

En caso afirmativo, describa sus impresiones:

19. ¿Escuchó a alguien quejarse de alguna lesión?   Sí   No

De ser así, describa a la parte que se quejaba y lo que decía:

20. ¿Alguien admitió tener la culpa o ser responsable por el accidente?   Sí   No

Si lo hizo, describa lo que se dijo:

21. Indique el nombre y dirección de cualquier persona que haya estado con usted en ese momento o que sepa que estuvo en la escena del accidente.

22. Sobre la base de lo que vio y/o escuchó, ¿quién piensa usted que tuvo la culpa de provocar el accidente y por qué?

23. ¿Cómo podría haberse prevenido este accidente?

24. ¿Le pareció que las drogas o el alcohol hayan tenido alguna incidencia en este accidente?   Sí   No

En caso afirmativo, explique:

25. ¿Sintió que había alguna hostilidad entre las partes del accidente u observó alguna conducta fuera de lo común?   Sí   No

En caso afirmativo, explique:

Cualquier otra impresión:

He leído las páginas que anteceden y declaro, bajo pena de perjurio, que lo indicado anteriormente es cierto y exacto a mi leal saber y entender.

_____

Firma del testigo

FIRMADO BAJO JURAMENTO ante mí, el _____ día, del mes de _____

_____

Escribano Público

Mi matrícula vence:

> Las buenas prácticas incluyen certificar la DECLARACIÓN DE TESTIGO ante ESCRIBANO PÚBLICO. Sin embargo, es posible utilizar una declaración de testigo a los fines de llegar a un acuerdo, sin necesidad de escribano.

APÉNDICE F

CARTA DE SUBROGACIÓN DEL SEGURO DE SALUD/MEDICARE

> ESTA ES LA CARTA SE UTILIZA PARA NOTIFICAR A PAGADORES GUBERNAMENTALES. Si tiene alguna asociación a Medicare, debe informarles de su accidente. Esto es especialmente necesario si Medicare es su principal seguro de salud. Si tiene un seguro de salud contratado por su empleador, puede estar sujeto a la ley federal denominada ERISA. Esta carta también puede ser usada también para informar del incidente a la aseguradora de ERISA.

Fecha

ATT.: DEPARTAMENTO DE SUBROGACIÓN

Medicare Health Insurance

PO Box 1270

Lawrence, KS 66044

Ref. Asegurado: *Tu nombre*

Fecha de nacimiento: *Tu fecha de nacimiento*

Fecha del accidente: *Fecha*

Número de identificación: *Número*

Se adjunta foto de mi tarjeta de identificación de Medicare.

Estimado REPRESENTATE DE SUBROGACIÓN:

La presente es para informar que he sufrido lesiones como consecuencia de un accidente que he tenido en la fecha de pérdida que se indica más arriba. Estoy intentando obtener compensación por los daños ocasionados en el accidente de la aseguradora del causante (seguro BI), o de mi cobertura de primera persona (seguro UM/UIM) o de ambas.

Entiendo que su compañía me ha otorgado beneficios en relación con el tratamiento asociado al accidente. Solicito, tenga a bien, proporcionarme una lista indexada de todos los beneficios que me fueron pagados respecto de estas lesiones. Para su comodidad, he incluido una copia de mi tarjeta de seguro de salud.

Asimismo, pido se me haga saber si su compañía buscará obtener un reembolso de cualquier monto pagado en mi beneficio. De ser así, su compañía deberá, dentro de los treinta (30) días de recibida la presente carta, suministrarme una declaración en la que afirme su pago de compensaciones derivadas y el derecho a subrogación o reintegro. Una respuesta verbal no es válida a modo de cumplimiento con lo establecido en esta carta y no satisface su obligación o sus obligaciones, en virtud de lo establecido por la(s) ley(es) estatal(es) o federal(es).

Si su compañía está buscando hacer valer un derecho de subrogación o reintegro, y si cumple con todos los requisitos legales, me contactaré con usted una vez resuelto el caso.

La ley estipula que debe cooperar conmigo mediante la producción de la información que me es necesaria, a los fines de establecer la naturaleza y extensión del valor de los beneficios proporcionados. Su incumplimiento respecto de la cooperación establecida puede ser considerado, por el tribunal, en la determinación del derecho a reintegro, o el monto del mismo, que afirma su compañía.

A tales fines, tenga a bien proporcionar lo siguiente:

1. Una copia legible de cualquier factura que le hayan entregado y haya abonado, en su totalidad o en parte.

2. Una copia legible de cualquier factura que le hayan presentado, pero que no ha sido abonada.

3. Una copia legible de toda historia clínica de hospitales o médicos, o de cualquier otra fuente que considere fidedigna respecto de la provisión de beneficios.

4. Una copia fiel y legible de cualquier contacto o acuerdo que respalde su reclamo de reintegro o subrogación.

5. Una declaración sobre la razón que diera lugar a la no cancelación de alguna factura o del monto completo de cualquier factura respecto de la cual se haya realizado un reclamo, haciendo referencia, en cada caso, a las disposiciones de su acuerdo con su contratista, quien autorizó el incumplimiento en el pago en cuestión, en su totalidad o en parte.

Asimismo, solicito la información indicada más arriba sea proporcionada en respuesta a esta carta en un plazo razonable. En una fecha posterior, puede que se le pida que complemente sus respuestas respecto de la información solicitada, sobre la base de cualquier evento que pudiera ocurrir luego de que usted haya respondido a esta carta. Dicha información será requerida, y por ende, se le pide específicamente que mantenga todos los registros necesarios para responder a las cuestiones arriba planteadas cuando se le pida suministrar información complementaria.

Tenga a bien enviarme su respuesta por Correo Certificado con Solicitud de Acuse de Recibo.

He enviado esta notificación porque usted puede ser considerado un proveedor fuente colateral. Al enviar esta carta, no estoy admitiendo que usted se constituya en proveedor fuente colateral de la suma gravada de alguna subrogación o reintegro que pueda reclamar, y me reservo del derecho a utilizar cualquier defensa disponible si usted antepusiera algún reclamo respecto de la subrogación o el reintegro, o si su compañía afirmara que estos gastos fueron cubiertos en virtud del plan de la ley ERISA.

En el caso de que sostenga que los beneficios en mi nombre y representación fueron suministrados conforme a un plan de beneficios de bienestar para empleados, cubiertos por la Ley de Seguridad de Ingresos de Jubilación para Empleados de 1974 (ERISA, 29 U.S.C § 1001-1491), sírvase enviarme los siguientes documentos y/o información dentro de los próximos 30 días.

Documento del Plan

1. Descripción Resumida del Plan

2. Formulario 5500 en vigencia a la fecha del accidente

3. Si su compañía no es el Administrador del Plan, sírvase identificar al Administrador del Plan y cualquier fiduciario del plan o reclamo, incluidas las direcciones y los números telefónicos de los mismos.

4. Una copia de todo documento relativo al reclamo de subrogación afirmado sobre la posesión del Plan, el Administrado del Plan, o cualquier fiduciario de reclamo que se haya utilizado para determinar la existencia de intereses subrogados (lo que incluye, sin carácter limitativo, la totalidad de su archivo o archivos de reclamo, correspondencia, historias clínicas, facturas, etc.).

5. Una declaración que reafirme si el Plan consiste en buscar la subrogación, el reintegro completo del monto o algún otro reembolso, o alternativamente, si el Plan está sujeto a la ley de fuente colateral indicada más arriba.

6. Sírvase proporcionar también toda cuenta, explicación de beneficios (EOBs, *por sus siglas en inglés*) y demás documentación en su posesión, que verifique dicho pago.

Se adjunta una autorización firmada para divulgar la información de sus registros. Desde ya agradezco su tiempo y pronta atención a esta cuestión. Si tiene alguna pregunta o requiere información adicional, no dude en contactarme.

Cordialmente,

Su nombre, demandante

Dirección

Ciudad, Código postal del estado

Número de celular

Dirección de correo electrónico

APÉNDICE G

LISTA DE CONTROL PARA VERIFICAR SI EXISTE LESIÓN CEREBRAL TRAUMÁTICA

LAS LESIONES CEREBRALES TRAUMÁTICAS son extremadamente difíciles de diagnosticar. La mayoría de los médicos no las advierten directamente. Si estás verificando si tienes una lesión cerebral, debes responder a esta lista de control y luego pedirle a tu cónyuge, pareja, o amigo cercano que complete también una copia de la lista. No te sorprendas si te das cuenta de que tus amigos o familiares notan muchas conductas o actitudes tuyas que tú no has notado.

LISTA DE CONTROL PARA VERIFICAR LESIÓN CEREBRAL TRAUMÁTICA / TRAUMATISMO CRANEAL

Los síntomas físicos y cognitivos que se describen a continuación pueden estar asociados a un traumatismo craneal. Tenga en cuenta que muchos otros síntomas pueden presentarse en el caso de lesiones más graves u otros tipos de lesión cerebral, y esta lista no incluye todas las posibilidades existentes.

SÍNTOMAS	PRESENTE	AUSENTE	EXPERIMIENTADO EN EL PASADO
✓ LÓBULO FRONTAL			
Pérdida de movimientos simples en diversas partes del cuerpo (parálisis)			SÍ / NO
Dificultad para realizar varias tareas a la vez o planificar una secuencia de movimientos complejos			SÍ / NO
Pérdida de espontaneidad			SÍ / NO
Pérdida de flexibilidad en el pensamiento			SÍ / NO
Persistencia de un único pensamiento (perseverancia)			SÍ / NO
Dificultad para concentrarse en una tarea			SÍ / NO
Cambios de humor			SÍ / NO
Cambios en la personalidad			SÍ / NO

Dificultad en la resolución de problemas			SÍ / NO
Incapacidad para expresarse a través del lenguaje (no poder encontrar las palabras correctas)			SÍ / NO
✓ **LÓBULO PARIETAL**			
Dificultad para prestar atención a más de un objeto por vez			SÍ / NO
Dificultad para nombrar objetos			SÍ / NO
Dificultad para leer			SÍ / NO
Dificultad para dibujar objetos			SÍ / NO
Dificultad para distinguir entre izquierda y derecha			SÍ / NO
Dificultad para hacer cálculos matemáticos			SÍ / NO

Dificultad para focalizar la atención visual			SÍ / NO
Dificultad en la coordinación del ojo y la mano			SÍ / NO
Deficiencias en la visión (recorte del campo visual)			SÍ / NO
Dificultad para cargar objetos en el ambiente			SÍ / NO
Dificultad para identificar colores			SÍ / NO
Ilusiones ópticas – inexactitud en la visión de objetos			SÍ / NO
Ceguera del lenguaje incapacidad para reconocer palabras			SÍ / NO
Dificultad para reconocer y dibujar objetos			SÍ / NO
Dificultad para leer y escribir			SÍ / NO
✓ **LÓBULO TEMPORAL**			
Dificultad para reconocer rostros			SÍ / NO
Dificultad para comprender palabras habladas			SÍ / NO

Dificultad para identificar o verbalizar objetos			SÍ / NO
Pérdida de memoria de corto plazo			SÍ / NO
Interferencia con la memoria de largo plazo			SÍ / NO
Aumento o reducción del deseo sexual			SÍ / NO
Dificultad para categorizar objetos			SÍ / NO
Aumento de comportamiento agresivo			SÍ / NO
✓ **CORTEZA CEREBRAL**			
Dificultad para tragar alimentos y líquidos			SÍ / NO
Dificultad para organizar o percibir el entorno			SÍ / NO
Problemas de equilibrio y movilidad			SÍ / NO
Mareos y náuseas			SÍ / NO
Problemas con el sueño			SÍ / NO
✓ **CEREBELO**			
Pérdida en la capacidad de la motricidad fina			SÍ / NO

Pérdida en la capacidad para caminar			SÍ / NO
Incapacidad para alcanzar y tomar objetos			SÍ / NO
Temblores			SÍ / NO
Mareos / vértigo			SÍ / NO
Arrastrar palabras al hablar			SÍ / NO
Incapacidad para realizar movimientos rápidos			SÍ / NO

APÉNDICE H

CARTA DE RECLAMO PARA BI O UM/UIM

> Esta carta es la culminación de un arduo trabajo realizado en los últimos meses, recopilando pruebas, obteniendo declaraciones de testigos, fotografías y recibos de gastos médicos así como notas de tratamiento médico.
>
> Es necesario contar aquí con historias de estilo de vida para que este reclamo sea personalizado de acuerdo a tu historia individual.
>
> No existe una manera "correcta" de redactar esta carta, y puedes usar tu creatividad. No obstante, este es el formato básico de la clásica Carta de Reclamo de Liquidación.

Fecha

ENVIADA POR CORREO CERTIFICADO #

COMPAÑÍA DE SEGUROS

Destinatario: NOMBRE DEL AJUSTADOR

Domicilio

Ciudad, Código postal

Asunto: Damnificado: *Nombre*

Demandado: *Nombre*

Número de reclamo: *Número*

Fecha del accidente: *Fecha*

Lugar del accidente: *Calle*

ESTA CARTA ES UNA DEMANDA CON UN PLAZO PARA LLEGAR A UN ACUERDO

Estimado NOMBRE Y APELLIDO DEL AJUSTADOR:

Mi nombre es NOMBRE COMPLETO y me vi involucrada/o en un accidente automovilístico con el Demandado/a en la fecha y lugar arriba consignados. La responsabilidad del accidente recae pura y exclusivamente en el Demandado/a y la negligencia con la que actuó. No me cabe responsabilidad alguna en el accidente.

El propósito de esta carta es llegar a un acuerdo por el reclamo en contra de (si BI o seguro de responsabilidad civil por lesiones corporales, escribir "su asegurado"; si UM/UIM, es decir, seguro contra conductores sin seguro o sin seguro suficiente, escribir "mi cobertura") sin pasar por el proceso legal de contratar un abogado. Espero recibir el trato que corresponde a cualquier reclamo y confío en que actuará de buena fe con una persona sin representación legal. Espero que proponga el mismo acuerdo que ofrecería si yo tuviera un representante legal. Mi objetivo es brindarle la información necesaria para poder llegar a un acuerdo de pago adecuado. En esta carta se incluye toda la información requerida para realizar un análisis de mi reclamo y hacerme una propuesta de acuerdo justa.

RESPONSABILIDAD

En FECHA DEL ACCIDENTE, NOMBRE DEL DEMANDADO conducía por NOMBRE DE LA CALLE.

(Describir acá lo que hizo el demandado para causar el accidente. Algunas de las causas más comunes son colisiones traseras, colisiones de impacto lateral a menudo conocidas como hueso T, y toda otra situación que consideres que el Defendido hizo algo incorrecto para provocar el accidente. Describe con gran detalle tu versión de los hechos para que el Ajustador entienda el reclamo. Sin embargo, no seas tan detallado como para quedar atado a una situación posiblemente desfavorable.

Describe los acontecimientos posteriores al incidente. ¿La policía fue notificada? ¿El Demandado fue citado? ¿Se llamó a la ambulancia? ¿Alguien fue arrestado por conducir bajo la influencia de sustancias (DUI)? ¿Fuiste al hospital? Describe los daños materiales. Describe si sentiste dolor, qué tipo de dolor y si todavía sientes dolor.

LESIONES Y TRATAMIENTO MÉDICO

Evaluación del Hospital: lo que se describe a continuación es lo que sucedió en el hospital (describir lo ocurrido en el hospital).

Evaluación quiropráctica

Evaluación ortopédica

Pruebas de diagnóstico (radiografías, tomografías computarizadas, resonancias magnéticas, pruebas de diagnóstico de conducción nerviosa, pruebas de diagnóstico de daño cerebral).

Reporte de Mejoramiento Máximo Médico (MMI, *por sus siglas en inglés*). En caso de que el médico de atención primaria indique en sus notas un índice de mejoramiento, incluir esta información acá.

Gastos médicos (hacer una lista de todos los gastos médicos)

RECLAMO POR LUCRO CESANTE Y OTROS DAÑOS ECONÓMICOS

OFERTA DE ACUERDO

Los límites de póliza por usted informados, indican un límite de $ (por ejemplo: $10.000/$20.000, $25.000/$50.000, $50.000/$100.000, $100.000/$300.000, etc.). Los gastos médicos y daños económicos ascienden a $ (agregar el monto total que corresponde a los daños económicos).

Los daños no-económicos son significativos.

Durante los meses pasados, tuve los siguientes problemas: (Describe en 2-5 relatos el grado de padecimiento. Sé breve pero no minimices el grado del dolor ni cómo te ha afectado en tu vida).

Creo que a mi caso le corresponde un valor total de $

Estoy ofreciendo una OFERTA ECONÓMICA para saldar este caso hoy. (Si el monto total de los daños supera el monto de la póliza, es posible que te quedes sin opciones si es que la compañía de seguros no te ofrece el límite de la cobertura).

Debido a que los daños superan la cobertura del asegurado, ofrezco llegar a un acuerdo por el límite máximo de cobertura del asegurado del monto consignado más arriba.

Sería un error de parte de su compañía no pagar el límite máximo de cobertura dentro del plazo estipulado. Si me veo obligado a contratar un abogado, el monto claramente superará los límites de la póliza.

Esta oferta de acuerdo se hace sobre la base de que en nombre de la compañía, la única cobertura disponible corresponde al valor del límite de la cobertura previamente brindado por la empresa. De haber entendido correctamente la póliza que cubre a su asegurado, ofrezco cerrar este asunto por el valor de $.

Esta oferta permanecerá vigente hasta la 1:00PM ZONA HORARIA (hora estándar del Este o EST, hora estándar Central o CST, hora estándar de la Montaña o MST). Tenga a bien hacer un cheque/giro bancario a nombre de NOMBRE DEL DEMANDANTE a Indicar domicilio, ciudad, estado y código postal.

Esta oferta de acuerdo está sujeta al permiso del no asegurado o sub-asegurado (quitar esto en caso de que el reclamo sea dirigido al seguro contra conductores sin seguro o UM o seguro contra conductores sin seguro suficiente o UIM).

Agradezco desde ya su cooperación para llegar a una resolución de mutuo acuerdo respecto de este asunto.

Cordiales saludos,

Tu nombre, demandante
Domicilio
Ciudad, Estado, Código Postal

ACERCA DE LOS AUTORES

Brian LaBovick es jefe ejecutivo y socio fundador de LaBovick Law Group, un estudio jurídico dedicado a la defensa del consumidor, con sede central en Palm Beach Gardens, Florida. El estudio fue fundado en octubre de 1991 en Miami, Florida. En 1994, se trasladó a Jupiter, Florida, donde comenzó a prosperar rápida y ampliamente. Brian registró el estudio con la marca "Guerreros por la Justicia", por considerar este el concepto que más se acerca a su sentimiento sobre cómo llevar adelante sus casos. La misión de Brian está en obtener la máxima justicia con su agresiva lucha a favor de los derechos de sus clientes. Brian se graduó en la Facultad de Derecho de la Universidad de Miami, y le otorgaron la membrecía a la *Order of the Barrister* (Orden de Abogados) en 1990. Aprobó el examen de abogados inmediatamente y fue admitido en el Colegio de Abogados de Florida apenas unos meses después. Se desempeñó como presidente del Colegio de Abogados del Condado de North Palm Beach y también como director de la Asociación de Justicia del Condado de Palm Beach. Ha sido incluido en la lista *Top 100 Trial Lawyers* (100 Mejores Abogados Litigantes) de la *National Trial Lawyers Association* (Asociación Nacional de Abogados Litigantes). Ha obtenido una calificación perfecta de 10/10 del rating de AVVO y el galardón de calificación *AV Preeminent*, otorgado por *Martindale-Hubbell*. Brian está asociado con Esther Uría LaBovick, su esposa, quien se desempeñó como fiscal en la Oficina de la Fiscalía de Estado de Janet Reno, en el Condado de Dade. Tienen tres hijos y un perro llamado Leche.

Esther Uría LaBovick siempre ha sentido una gran empatía por las personas que sufren. Las historias de vida de aquellos que se han visto afectados injustamente por circunstancias fuera de su control le inspiran a ella para tomar medidas y hacer un buen uso de sus conocimientos, experiencia y corazón como abogada. Ella procesa casos de lesiones personales, representa a las víctimas de negligencia y accidentes y las proteje de la opresión y la intimidación de las grandes compañías de seguros. La visión de Guerreros de la Justicia de nuestra firma encaja perfectamente la personalidad de Esther, ya que ella es muy tenaz. Cuando ella pone su mente en una tarea, no hay freno, ya sea en la ley, la crianza de los hijos o en su participación comunitaria. Ella tomó la iniciativa en la división de agravios masivos de su firma para leer y aprender sobre la creciente evidencia científica que rodea el litigio. Esto se adapta perfectamente a lo que ella encanta hacer: profundizar y aprender todos los matices de un caso. Al nivel personal, la alegría número uno y la prioridad en la vida de ella son sus 3 hijos y esposo. Ella ama programas de música y es fanática de los conciertos. Le encanta viajar y comer, ver a sus hijos jugando deportes y perderse en un buen libro. Nacida de padres cubanos, ella es orgullosa de ser nativa de Florida y le encanta todas sus rarezas, desde las iguanas congeladas que caen de los árboles durante nuestros "inviernos", hasta las publicaciones de "Cuidado con los caimanes", Disney, la playa, el calor, el sol y el hecho de que somos un importante estado político.

EXENCIÓN DE RESPONSABILIDAD

Este libro no tiene por objetivo ser utilizado como asesoramiento legal. Su fin consiste en enseñar sobre los elementos necesarios para transitar el proceso de negociación de acuerdos en reclamos por accidentes automovilísticos.

La única manera de protegerte completamente y maximizar el valor de cualquier reclamo por negligencia es mediante un abogado litigante. No hay forma de eludir este hecho. Existe simplemente demasiada información por enseñar respecto de todos los aspectos asociados a la ley de negligencia, como para incluirla en un solo libro.

Habiendo aclarado esto, los casos de lesiones leves son, por lo general, valuados de manera tal que contratar a un abogado para manejarlos resulta innecesario. El monto de dinero en riesgo no es lo suficientemente significativo como para justificar que la persona lesionada obtenga representación legal. Si crees que tu lesión no reviste la gravedad necesaria como para contratar a un abogado, te invitamos a utilizar las lecciones incluidas en este libro para manejar tu propio caso. Solo ten en cuenta que es tu criterio el que estás utilizando para valorar el reclamo. Estás tomando la decisión de no maximizar ese valor para ahorrarte los honorarios legales, aun si ello implica obtener un monto total menor que el que podrías obtener.